十诫

原书名：衡量和亏欠

The Ten Commandments
Reasonable Rules for Life
Dwight L. Moody

提客勒,就是你被称在天平里,显出你的亏欠。

(但 5:27)

十诫

合乎正道的生活准则

作者：慕迪（美国）
译者：吕平

十诫 (*The Ten Commandments*) – Dwight L. Moody
Revised & Translated Edition Copyright © 2022
First edition published 1898

Please do not reproduce, store in a retrieval system,
or transmit in any form or by any means – electronic,
mechanical, photocopying, recording, or otherwise, without
written permission from the publisher. Please contact us via
www.AnekoPress.com for reprint and translation permissions.

Scripture quotations are taken from the
Chinese Union Version (Simplified).

译者注：为读者方便及文体完整起见，书中采用的圣经经文出自简体中文和合本《圣经》(CUVS)。

Translator: Ping Lue

Aneko Press

www.anekopress.com

Aneko Press, Life Sentence Publishing,
and our logos are trademarks of

Life Sentence Publishing, Inc.
203 E. Birch Street
P.O. Box 652
Abbotsford, WI 54405

RELIGION / Christian Living / Spiritual Growth

Paperback ISBN: 978-1-62245-866-0
eBook ISBN: 978-1-62245-867-7

10 9 8 7 6 5 4 3 2 1

Available where books are sold

目录

序言 1

第一诫 15

第二诫 27

第三诫 37

第四诫 47

第五诫 63

第六诫 73

第七诫 81

第八诫 91

第九诫 101

第十诫 109

一部律法,非十条 125

德怀特·慕迪 - 生平简介 133

其他类似书籍 135

序言

十诫

《出埃及记》二十章3-17节

一、除了我之外，你不可有别的神。

二、不可为自己雕刻偶像，也不可作什么形像，仿佛上天、下地和地底下、水中的百物。不可跪拜那些像，也不可事奉它，因为我耶和华你的 神是忌邪的 神。恨我的，我必追讨他的罪，自父及子，直到三四代；爱我守我诫命的，我必向他们发慈爱，直到千代。

三、不可妄称耶和华你 神的名，因为妄称耶和华名的，耶和华必不以他为无罪。

四、当记念安息日，守为圣日。六日要劳碌做你一切的工，但第七日是向耶和华你 神当守的安息日。这一日你和你的儿女、仆婢、牲畜，并你城里寄居的客旅，无论何工都不能作；因为六日之内，耶和华造天、地、海，和其中的万物，第七日便安息，所以耶和华赐福与安息日，定为圣日。

五、当孝敬父母，使你的日子在耶和华你 神赐给你的土地上，得以长久。

六、不可杀人。

七、不可奸淫。

八、不可偷盗。

九、不可作假见证陷害人。

十、不可贪恋人的房屋；也不可贪恋人的妻子、仆婢、牛驴，并他一切所有的。

度己以绳

在《但以理书》第五章,我们读到有关伯沙撒王的历史。所有有关伯沙撒王的身世,圣经里就此一章。我们所知道的,是他那一生中,非常短暂的瞬间。他,来去匆匆,突然出现在历史舞台上,然后就消失了。

经文告诉我们,伯沙撒王为他的一千位大臣,摆设盛宴,一同饮酒作乐。那时候,一些东方国家的盛宴,有时会持续六个月。经文没有讲到这个筵席持续了多久。但在宴会期间,伯沙撒欢饮之间,吩咐人将他父("父"或作"祖"。下同。)尼布甲尼撒从耶路撒冷殿中所掠的金银器皿拿来,王与大臣、皇后、妃嫔好用这器皿饮酒。于是他们把耶路撒冷 神殿库房中所掠的金器皿拿来,王和大臣、皇后、妃嫔就用这器皿饮酒。他们饮酒,赞美金、银、铜、铁、木、石所造的神(但 5:2-4)。

正当众人犯下这种邪恶的行为时,当时,忽有人的指头显出,在王宫与灯台相对的粉墙上写字。王看见写字的指头(但 5:5)。我们不知道,这件事是发生在白天,还是在晚上。也有可能是半夜三更。所有的贵宾,很有可能或多或少都有些醉意,但还没有到酩酊大醉,无法清醒的程度。因为,他们都看到了一个超自然的现象———一只手在墙上写字,就在金烛台的正上方。

席上的每一张脸,顿时变得惨白。王就变了脸色,心意惊惶,腰骨好像脱节,双膝彼此相碰 (但 5:6)。他急急忙忙地召集哲士，来解读墙上的文字。哲士们鱼贯而入，试图解读墙上的字，但都不知所云。伯沙撒王许诺，谁能解读这些文字，谁就在国中位居第三，得重赏。并且，还要在他的脖子上，挂上一条金链。然而，哲士们的尝试，都以失败告终。王就极度沮丧烦恼。

最后，就在王惊慌失措的时候，太后进来了。她告诉王，去召那位曾经给尼布甲尼撒王解梦的人来；那人可以解读墙上的文字，解开其中的奥秘。于是，但以理被召来。但以理对这文字非常熟悉。因为，他熟谙父神的手笔。

> 所写的文字是：弥尼，弥尼，提客勒，乌法珥新。讲解是这样：弥尼，就是 神已经数算你国的年日到此完毕。提客勒，就是你被称在天平里，显出你的亏欠。毗勒斯（与乌法珥新同义），就是你的国分裂，归与玛代人和波斯人。（但 5：25-28）

若有人在一小时前告诉伯沙撒王，时候已到，他必须度己以绳，他也许会一笑置之。可惜的是，关键时刻已经到来。

丈量很快就结束了。判决书很快就下来，宣判立即执行。当夜，迦勒底王伯沙撒被杀。玛代人大利乌，年六十二岁，取了迦勒底国（但 5：30-31）。大利乌和他的军队，沿着街道一路挺进。到处是刀光剑影，人喧马嘶。战杀的呐喊，胜利的呼声，交织在一起，在空中回荡。那天晚上，王的血与洒满宴厅的酒，融为一体。审判，出人意料之外，突然降临在伯沙撒王身上。大概每一百个宣判中，有九十九个，是这样到来的。死亡，常常出人意料之外地落在我们身上；它突如其来地降临在我们身上。

你也许会说，"我希望，慕迪先生，不要把我和那个异教徒国王，相提并论。"

我告诉你，一个在福音时代作恶的人，比那个国王更糟糕。我们生活在到处是圣经的国土里。你只要花五分美金就可以买到新约。你如果没有五分钱，你还可以白白地拿到书。许多社团都乐意将圣经赠送给你。我们生活在各各他山（Calvary）的熊熊烈火中。我们生活在十字架的这一边，而伯沙撒王，则生活在十字架另一边的五百多年前。他从未听说过耶稣基督。他从未听说过神的独生子。除了从他父王的异象略知一二之外，他从未听说过真神。他也许没有读过圣经的任何章节，即使有的话，他大概也不相信。他没有敬虔的传道人指引他归向神的羔羊。

千万别跟我说，你比那个国王强。我相信，在最后的审判中，他将会站立，谴责我们中间的许多人。

这一切，发生在许多世纪以前。让我们看看本世纪，本年头，我们自己。让我们回到现实中来；设想，就在此时，正当我在讲道时，一些法枰从神的宝座上降下来。这些法枰和神的宝座紧密相连。这是一个公义的宝座。你和我必须被衡量。我敢说，在公义的宝座前，人人都必将是非常严肃的。那里将毫无戏言。那里黑白分明。没有人轻率马虎,心不在焉。

有些人有自己的砝码。众多的人,正在制作不同的砝码,以为可以用来替自己秤量。但最终,我们必须用神的砝码,至圣所的砝码,来称量。非信徒最喜欢干的事,就是设定自己的标准,然后将其他人拿来衡量自己。但是,这在审判的日子是行不通的。现在,我们将用神的律法作为天平的砝码。当自称基督徒的人,发现自己的生命有瑕疵时,这是对神律法的感谢赞美。

提客勒。这是一个很短的文字。它实在是太短了,我相信你一定会记住它,我的意思就是——让大家记住神自己的话语。

神的手笔

我要请你们注意,事实上,神把诫命写在西奈山的石板上,照样也写在伯沙撒宫殿的墙上。

这些信息,是神唯一亲手写给人类的。祂把诫命写了两遍,并将它在以色列人面前,振聋发聩,大声地宣告。

人若真知道,神自己又要对人说话了,那将会是何等的热切激动。近一千九百年来,祂一直保持沉默。一千九百多年来,圣经中也没有添加任何默示的信息。毫无疑问,神若再次说话,所有人都会迫切地倾听。然而,人们忘记了圣经就是神自己的话语,其信息的真实性,在今天和在很久以前一样。西奈山颁布的律法丝毫没有失去其严肃性。律法的权威性，或作者的身份，不随时间的移动而消逝。

我可以想象有人说，"我不会被那律法所衡量。我根本不信那律法包含的内容。"

人们，会按自己的偏见喜好，质疑圣经的某些部分，但我从来没有遇到过一个诚实的人，能挑出十诫的毛病。异教徒们会嘲笑这位立法者，抗拒那将我们从律法的诅咒中拯救出来的主，但他们不得不承认诫命是正确的。欧内斯特·勒南[1]（Ernest Renan）说，这些诫命适用于所有国家，并将作为神的律法永存。

神若创造了这个世界，祂就必制定一些法律来管理它。为了保障生命安全，我们必定要有健全的法律；日光底下，没有一个国家会没有法律——神的律法。它来自至高处，连异教徒、怀疑论者都不得不承认它是毫无瑕疵的。全世界所有的立法机构，都将其作为法律制度的基础。

> 耶和华的律法全备，能苏醒人心；耶和华的法度确定，能使愚昧人有智慧。耶和华的训词正直，能快活人的心；耶和华的命令清洁，能明亮人的眼睛（诗 19：7-8）。

你我现在的问题是，我们是否遵守这些诫命？我们是否履行律法的所有条款？如果神创造了我们——我们知道这

1　欧内斯特·勒南（Ernest Renan, 1823-1892），法国语言专家、哲学家、作家、圣经学家。

是千真万确的，祂就有权制定律法；我们若没有正确地遵循它，倒不如从来就没有它，因为，它将问罪于我们。我们将被判为亏欠。律法毫无问题，但我们是否行事规矩？

异教徒的见证

有个故事，讲的是一位聪明乖巧的异教徒，想熟悉一下圣经阐明的真理，便开始读摩西五经。他已经养成了讥诮圣经的习惯，为了反驳基督徒们提出的论点，他下了决心要读圣经，了解一下圣经的内容。当他读了十诫后，他对朋友说：

"我告诉你，我以前是怎么想。我原以为摩西是一群草寇的首领，他心志坚强，对一群迷信的人有很大的影响力。在西奈山上，他点燃了焰火，令那群无知的追随者万分惊谔；因恐惧和迷信，他们以为眼前所见的，是超自然现象。我曾一直在研究该律法的本质，还尝试是否可以添加，或者，从中减去任何东西，使其变得更完善。先生，我实在是枉费心机！这律法实在是尽善尽美！

"第一条诫命指示我们，要让造物主作为我们至高无上的爱和崇敬的对象。这绝对没错。祂若是我们的创造者、保护者、和至高的恩主，我们理所当然的要敬爱祂；别无他人。第二条诫命禁止拜偶像。这当然是对的。第三条不准亵渎。第四条规定虔诚敬拜的时间。如果有神，祂理当被敬拜。外在的敬拜与内在的竦慕相般配，当然是合宜的。既然要敬拜神，那就当为此留出一定的时间，让所有人可以专心一致、甜美和谐地敬拜。七日中的一日实在不算多，我不知道是否太少了一点。

"第五条诫命，定义了因家庭关系而产生的特殊责任。然后，按照道德法则，对邻舍的伤害进行分类，分别为危害生命、贞洁、财产和人格的罪。我注意到，每一类的罪中之罪是明确禁止的。因此，对生命的最大伤害是谋杀；贞洁，则是奸淫；财产，乃是盗窃；人格，便是伪证。同时，最大的冒犯，也必须囊括同类罪中最小的冒犯。这样，谋杀必须包括对生命的一切伤害；奸淫包括对纯洁的所有侵犯；余下亦如此等等。最后，对邻居的伤害而言，设立一项禁止任何不正当欲望的命令，使道德准则臻于完美。

"我一直在想，'摩西是从哪里得到这律法的？'我读过历史。埃及人和邻国的民族都崇拜偶像；希腊人和罗马人亦如此，最聪明优秀的希腊人或罗马人,从未有过这样的道德准则。摩西从哪里得到这律法,居然超越最开明时代的智慧和哲学?他生活在一个相对来说野蛮落后的时代,但他所给的律法,历世历代的研究和剖析都未能找出任何破绽。他是从哪里得到的?他不可能先进到如此地步,自己能够设计如此完美的律法。我对他从哪里得到这律法感到满意。因为它必从神而来。律法,使我确信圣经所要阐明的基督教真理。"

我们称这律法为摩西律法,但上文已经明确地指出,诫命并非起源于摩西。而且,当摩西律法在基督里成全后,尽管许多繁文缛节被废除了,但诫命未被淘汰。在早期社会中,我们找不到任何立法机构存在的痕迹;也找不到有建立一套完整的法律体系的议会,或元老院。诫命,颁布给我们的时候,已经完整成文,而且尽善尽美;唯一令人信服的解释,就是神亲自将诫命写在石板上。

当今的约束

有些人似乎觉得,我们已经相当进步,早已超越了诫命的范围。基督怎么说?莫想我来要废掉律法和先知;我来不是要废掉,乃是要成全。我实在告诉你们,就是到天地都废去了,律法的一点一画也不能废去,都要成全。所以,无论何人废掉这诫命中最小的一条，又教训人这样作，他在天国要称为最小的；但无论何人遵行这诫命，又教训人遵行，他在天国要称为大的（太 5: 17-19）。神在何烈山上赐给摩西的诫命，今天所具有的约束力，如同颁布的那一天以来，不仅一样，甚至更为有效。犹太人说，律法的颁布不是在属于以色列的巴勒斯坦，而是在不属于以色列的旷野，因为律法是为万国而设立的。

耶稣从来没有贬斥律法和先知，但祂斥责不服从律法和先知的人。祂虽然颁布了新的诫命，但不意味着祂废除了旧的诫命。基督对诫命的解释，使之有更深远的影响。祂在登山宝训中，阐明诫命的原则，远远超过其文字所能表达的。祂将诫命层层揭开，显明它拥有更多的涵义，既是积极正面的，更是令人生畏的。整本旧约，以这样的话结束：你们当记念我仆人摩西的律法，就是我在何烈山为以色列众人所吩咐他的律例典章。看哪！耶和华大而可畏之日未到之前，我必差遣先知以利亚到你们那里去。他必使父亲的心转向儿女，儿女的心转向父亲，免得我来咒诅遍地（玛 4: 4-6）。

难道，这看起来，像是摩西律法已过时了？

随着岁月的流逝，我越来越深信，圣经的这一古老真理，必须要用最直接简明的话语，来反复不断地重申。我不记得听过任何有关诫命的布道。我有一份索引，是司布真的二千五百篇讲道，其中，没有一个讲道的题目选用了《出埃及记》二十章的前17节经文。人们必须明白,十诫当今仍然有制约,凡不遵守的将受到惩罚。我们不要一个纯粹感情化的福音。登山宝训没有将十诫摈弃。

基督降世的时候,祂把律法浓缩凝聚为:你要尽心、尽性、尽力、尽意爱主你的 神,又要爱邻舍如同自己(路10:27)。保罗说,……爱就完全了律法(罗13:10)。但这是否意味着十诫的戒律已被取代——它们已变成微不足道?因为孩子们爱他,父亲会让孩子们放任自流,无规无矩吗?因为国民爱国,一个国家会烧毁其法规?当然不会。然而,人们说起来好像诫命与基督徒无关,因为他们爱神。保罗说,这样,我们因信废了律法吗?断乎不是!更是坚固律法(罗3:31)。律法仍然完善。诫命乃是必要的。我们只要服从,诫命就不会把我们压垮;然而,一旦我们企图摆脱诫命,就会发现,诫命如栅栏一样,将我们圈在其内。马,即使已经被驯服,还是需要缰绳。

> 我们知道律法原是好的,只要人用得合宜;因为律法不是为义人设立的,乃是为不法和不服的,不敬虔和犯罪的,不圣洁和恋世俗的,弑父母和杀人的,行淫和亲男色的,抢人口和说谎话的,并起假誓的,或是为别样敌正道的事设立的(提前1:8-10)。

我的朋友，你已经准备好，让神的律法来衡量你了吗？很多人说，如果他们遵守诫命，那就不需要饶恕，通过基督来得拯救。问题是，你遵守了吗？我认同，如果你分毫不差、完完全全地遵守诫命，你就不需要被基督拯救；可是，这天地间，难道真有一个人可以确凿地说，他做到了这一点吗？姑娘，你能说，"我已经准备好让律法衡量"吗？小伙子，你准备好了吗？你能踩在律法的天平上被十诫一一称重吗？

现在，诚实敬畏地面对这十诫。看看你的生活是否完善，你是否真诚地对待神。神的法规是公义的，不是吗？如果律法是完善的，我们就当审查自己是否是完善的。让我们祈求圣灵，来省察我们每一个人。让我们和神单独相处，阅读祂的律法——毕恭毕敬地详读，并祈求神暴露我们的罪，引导我们如何改邪归正。

第一章

第一诫

除了我之外,你不可有别的神。(出 20:3)

我的朋友,你已准备好让这条诫命来检测吗?你是否已经履行,或者,愿意履行该律法的所有要求?把这诫命放在天平一端,然后踩在另一端。你的心是单单仰望神吗?你心里没有别的神?你爱祂胜过父母、你的妻子、你的孩子、家庭或庄田、财富和快乐吗?

人若谨守这条诫命,就会自然而然地服从余下的九条诫命。然而,正是他们不能谨守这条诫命,导致常常违反其他诫命。

人对神的渴望

哲学家们认为,哪怕是人类最原始的种族,也会超越物质世界来寻求神灵。人对神的渴望,就像常春藤对支撑物的渴望一样自然。饥饿干渴驱使人寻找食物，而灵魂的饥渴同样需要满足。神啊! 你是我的 神，我要切切地寻求你；在干旱疲乏无水之地，我渴望你，我的心切慕你（诗 63：1）。人不需要被强迫去崇拜，无论是高等或低等文明社会，都有被崇拜的某种神。人真正需要的是被引向真神。

第一条诫命就是为了这个目的。在我们有智慧的敬拜之前，我们必须知道，敬拜什么或敬拜谁。神不会让我们盲目无知地敬拜。当保罗来到雅典时，他遇见一个祭坛是献给未识之神的，他便开始传讲我们所敬拜的真神。当神将诫命赐给摩西时，祂首先宣告自己是谁，并要求得到独一无二的认知。我是耶和华你的 神，曾将你从埃及为奴之家领出来。除了我以外，你不可有别的神（出 20：2-3）。

戴尔博士（Reverend Dr. Dale）说的这些话具有重大意义：

> 犹太人知道耶和华是神，是因在他们过大海逃避敌人的追击时，祂将波浪如墙一样分开。他们知道祂是神，是因祂曾呼唤雷霆、闪电、冰雹，将瘟疫降在牲畜身上，降在人身上来惩罚埃及人，并迫使他们让以色列人离开埃及。他们知道祂是神，是因祂差派天使击杀了压迫者的长子，使那全地充满死亡、痛苦和恐惧。祂是同一位神，如摩西和亚伦告诉他们，

很久以前就通过异象和声音，应许和诫命，向亚伯拉罕、以撒和雅各显明。我们了解一个人是通过其所说所行。路德（Luther）为何人，与有关他的秉性和信条的最具哲学意义的文章相比，他的传记则更生动、更信实地展示了他的一生。比起有关他的最详尽的推测，他被监禁，去沃木斯（Worms）之程的故事，他的书信，布道讲稿，和他的《桌边谈话录》（Table Talk），则更有价值。犹太人认识神，不是从有关神属性的神学论文中，而是从神的历史事实中来了解。他们通过神自己的作为和话语来认识祂。[2]

有人问一位阿拉伯人："你怎么知道有神？"

"我怎么知道，昨晚是人还是骆驼，经过我的帐篷？"他回答说。神在自然界和我们自己经历中的足迹，是祂存在和秉性的最好确据。

以色列人面对偶像

我们若记得这条诫命是颁给谁的，就会看到其必要性。在此诫命颁布之前，以色列人的祖先，不过就是几代人，是敬拜偶像的。他们最近才从埃及，一个多神之地，被拯

2　原注：R. W. 戴尔，《十诫》（伦敦：Hodder and Stoughton 出版社，1871年），33页。

救出来。埃及人崇拜太阳、月亮、昆虫和动物。神降十灾，毫无疑问，是要让埃及人对自己的偶像产生困惑。以色列人前去占领的那片土地，是异教徒居住的地方，那里同样敬拜偶像。所以，这条诫命的颁布是至关重要。神与人之间的关系，今时和彼时相同，惟有人明白神是独一无二的，必须单单敬拜祂，而非心猿意马，才能完全摆正。

祂若创造了我们，就当得我们的敬拜奉献。祂在我们的情感中，应该是首位的，也是唯一的，这难道不对吗？

绝无妥协

神，是独一的真神，这一事实是不容质疑的。宗教自由是一件好事——在一定范围内。但是，宽容，对在本质上意见一致的人，和对在基本信仰上不同的人，是不可相提并论的。罗马人愿意让任何假神进入万神殿（Roman Pantheon）。早期基督徒遭迫害的原因之一，就是拒绝把耶稣基督摆在万神殿里。据说，拿破仑曾考虑在巴黎，为各个宗教建立寺庙，这样，让每个来巴黎观光访问的，有不同宗教信仰的人，都有一个敬拜场所。这样的计划与神的计划直接相对抗。神的这条诫命，没有丝毫含糊之处。它直接、简单明了、毫无妥协之地。

我们可以从农夫处理苹果树底部长出的树芽的方法中获得智慧。这些嫩树芽看起来充满生机，缺乏经验的人，也许会高兴地看到它们继续生长。但农夫知道，这些树芽会从主树上吸取营养,损害主树,使它结出劣质的果实。因此,农夫拿起斧子锄头,除掉这些有损无益的东西。这样,这棵树会结出更多、更甜美的果子。

神的修枝刀

"你不可"是神使用的修枝刀。整本圣经,从头到尾,都呼召对神忠贞不渝。对于其他假神,没有折中,不能接受。

经过了漫长的岁月,神才使以色列人对这个教训铭记心中。神称他们为被拣选的子民。祂使他们成为一个特殊的民族。然而,你会在圣经历史中注意到,他们不断地背弃祂;结果,不断地遭受瘟疫、疾病、战争、和饥荒的惩罚。他们的罪,不是他们完全弃绝了神,而是想要敬拜其他的假神。所罗门,既为整个民族的例子。所罗门娶了外邦人为妻子和嫔妃,这些妻、妃使他的心,远离神来追随其他神灵;他为她们的偶像建造邱坛,认可她们的崇拜。这就是整个民族的历史——不断地远离神,直到最后,神允许他们被掳到巴比伦,在那里为奴七十年。从那以后,犹太人再也没有转向其他神。

教会今天不也面临同样的难题吗?心里真正不信神的人很少,但是,他们行不出来的,就是给神当得的、唯一的服侍和敬拜。传教士告诉我们,只要不要求受洗、公开弃绝偶像,他们很容易获得皈依者。如果入门不是那么严格,我们国家有很多人就会成为基督徒。基督教,对他们来说规矩太多、太严格了。他们还不能保证能全然归向神,侍奉神。更甚之,许多自称是基督徒的人实际上是绊脚石,因为他们不是单一地敬拜神。星期天,他们敬拜神;到了周间,他们的心思意念中几乎没有神。

美国的假神

今天,要寻找假神,你不必去异教之地。美国到处都是。无论你做什么,凡只要你倾心而做的就是你的神。任何东西,只要你爱它超过爱神,那就是你的偶像。许多人的心,就像卡菲尔(Kaffirs')[3]的茅屋,里面塞满了偶像,甚至连转身的余地都没有。无论贫富,有学问无学问,所有阶层的人都犯了这种罪。他们的地满了偶像,他们敬拜自己手所造的,就是自己指头所作的。卑鄙的人屈膝,尊贵人下跪。所以不可饶恕他们(赛 2: 8-9)。

人可以把自己本人、孩子、母亲、神赐给他的珍贵礼物,塑造成一个神。他忘记了施恩者,反倒一心扑在对所得恩典的崇拜中。

许多人把快乐当作神;这是他们的心所在。假如,某个古希腊人或古罗马人再次复活,见到处是酩酊大醉的人,他难道会相信,对巴克斯(Bacchus)的崇拜已经消亡了吗?[4]他

3　意指异教徒。
4　原注:巴克斯(Bacchus)是古罗马人对希腊酒神狄俄倪索斯(Dionysus)的称呼。

如果看到，我们的大城市街道上，到处都是妓女，难道会相信，对维纳斯（Venus）的崇拜已经停止了吗？[5]

还有人，则将时尚当作神，把脑筋终日花在衣服上。他们生怕人家会对自己另眼相看。我们不要自以为得意，好像崇拜偶像的人都在异教国家。

很多人敬拜钱神。我们还没有战胜对金牛犊的崇拜。一个人，若愿意以原则来换取金钱，岂不就是把金钱当作神吗？他若相信，财富能满足欲望和需求，难道财富不就是他的神吗？很多人说："你给我钱，我给你天堂。天上的荣耀和财宝，我岂在乎吗？给我地上的财宝！我不在乎天堂！我要成为一名成功的商人。"约伯的话句句确凿：我若以黄金为指望，对精金说，你是我的依靠；我若因财物丰裕，因我手多得资财而欢喜；我若见太阳发光，月亮行在空中，心就暗暗被引诱，口便亲手；这也是审判官当罚的罪孽；又我背弃在上的 神（伯 31: 24-28）。

然而，即便是所有的假神，都不如以下所述的那么稀奇古怪。有一位无神论者，说他不信神，否认神的存在，但是，他又禁不住要设立其他神来取代真神。伏尔泰（Voltaire）说："若无神，就必创之。"接着，这位无神论者，就大谈伟大的未知、第一因源、无限思维。然后，是自然神论者，相信神创造万物，但不相信神的启示。他只接受符合理性的真理，不相信耶稣基督和圣经的默示。更甚之，就是泛神

5　　原注：维纳斯（Venus）是爱、性、生育繁衍、妓女之女神。

论者,说,"我相信整个宇宙就是神。神是空气、水、太阳和星星";骗子和小偷也包括在内。

摩西的临终训勉

让我提醒你,注意《申命记》三十二章31节:*据我们的仇敌自己断定,他们的磐石不如我们的磐石。*

这些话,是摩西在临终告别以色列时所说的。他和他们朝夕相处已经四十年了。他是他们的领袖和导师。天上的一切祝福都通过他降临到他们身上。而现在,他就要离开他们了。如果你从未读过摩西的演讲,应当读一读。这是迄今为止,印刷成文,最好的布道之一。据我所知,旧约和新约中,鲜有与之相媲美的布道。

我眼前,显出摩西演讲的情景。他行动如常,依然充满青春的活力。飘长的白发披在肩上,堂堂威风的胡须盖住胸膛。他铿锵有声地挑战说:*据我们的仇敌自己断定,他们的磐石不如我们的磐石。*

难道人心真能满足于这些假神?快乐、财富真能填补没有神的灵魂吗?无神论者、自然神论者、泛神论者呢?他们期待着什么?空空如也!人的一生充满了愁苦,但当苦难、失望如浪涛扑面而来时,他们却没有神可以呼求。那时······ 要去哀求他们献香所供奉的神;只是遭难的时候,这些神毫不拯救他们(耶 11:12)。因此,我确信他们的磐石不如我们的磐石。

第一诫

当苦难的时刻来临时,这些不信的人就会请牧师来安慰他们。我住在芝加哥时,常常应要求主持许多葬礼。我会询问死者的信仰。假如我发现他是个无神论者、自然神论者、或泛神论者,当我在葬礼中,要是在他的朋友面前说出此人的教义,他们会觉得受了侮辱。为什么,他们平时一直谈论抵抗神,而仅在这艰难的时刻,这苦难的黑暗中,却呼求信靠神的人来安慰?为什么,无神论者在苦难的时刻就不再宣扬没有来世、没有天堂、没有神?这一事实本身就验证:据我们的仇敌自己断定,他们的磐石不如我们的磐石。

自然神论者说祷告没有用,因为没有什么可以改变至圣者的旨意;神从不回应祷告。他,自然神论者的磐石岂是我们的磐石吗?

圣经是真实的。只有一位真神。有多少人对我说,"慕迪先生,假如我要有你的信仰,你的安慰,你对你的宗教的希望,我愿意献出世界。"

这不就证明他们的磐石不如我们的磐石吗?

几年前,我去拜访某人,当我开始谈论基督教时,他转向他的女儿,说:"你最好离开房间。我想跟慕迪先生说几句话。"当她出去后,他向我讲了一大通的无神论。

"你说这话之前,为什么要叫你女儿出去?"我问。

他回答说,"我想,听我说这些话,对她没有任何好处。"

他的磐石是我们的磐石吗?如果他真的相信他说的话,他会叫女儿出去吗?

除神之外别无安慰

除了圣经之神以外,灵魂得不到任何满足。让我们回到保罗的话,为现时和永恒得安慰:论到吃祭偶像之物,我们知道偶像在世上算不得甚麼,也知道 神只有一位,再没有别的 神。虽有称为 神的,或在天,或在地,就如那许多的神,许多的主;然而我们只有一位 神,就是父,万物都本於他;我们也归 他 ——并有一位主,就是耶稣基督——万物都是藉着他有的;我们也是藉着他有的(林前 8:4-6)。

我的朋友,你能真诚地这么说吗?你把所有的盼望都集中在基督身上吗?你单单信靠祂吗?你已准备好踏上天平,让第一条诫命衡量了吗?

忠心耿耿

神不会接受一颗分散的心。祂必是你的绝对君王。在你的心中没有两个宝座的空间。基督说,一个人不能事奉两个主;不是恶这个,爱那个,就是重这个,轻那个。你们不能又事奉 神,又事奉玛门(玛门:财利的意思) (太 6:24)。注意,他没有说,"没有人可以事奉……你不应该事奉。"而是,一个人不能事奉……你们不能事奉。这不仅仅是一个命令;这意味着,如油和水不能混在一起,你不能又敬拜真神,同时又敬拜别神。这绝对行不通。基督若住在心里,心就不能容下任何其他宝座。世俗若进来,敬虔就会出去。

第一诫

通往天堂的道路,和通往地狱的道路,是两个根本不同的方向。你会选择跟随哪位主?做一个完完全全的基督徒。单要事奉他(太 4:10)。唯有这样,你才能讨神喜悦。犹太人,因崇拜假神,而沦为奴七十年。他们因拒绝弥赛亚,而遭受了近一千九百年的苦难。难道你也会拒绝基督,招来神的不悦吗?祂为了拯救你而死。全心信靠祂,因为人心里相信,就可以称义(罗 10:10)。

我相信,当基督在我们心中居首位,当神的国度在一切事物中居首位时,我们就会有能力;除非祂在我们心中居应得的地位,否则我们不会有能力。我们若让某个假神进来,窃取我们对神的爱,我们将没有平安或力量。

第二章

第二诫

> 不可为自己雕刻偶像,也不可作什么形像,仿佛上天、下地和地底下、水中的百物。不可跪拜那些像,也不可事奉它,因为我耶和华你的 神是忌邪的 神。恨我的,我必追讨他的罪,自父及子,直到三四代;爱我守我诫命的,我必向他们发慈爱,直到千代。(出 20:4-6)

第一条诫命,我们刚刚讨论过,指明真正的敬拜对象。第二条诫命,则告诉我们正确的敬拜方式。前者命令我们当单单敬拜真神;后者则要求我们,当敬拜祂时,当有的圣洁和心灵。前者谴责对假神的崇拜;后者禁止虚假的形式。它更多地与外在的敬拜行为有关,但行为都是出自内心的表达。

也许你会说,你对此没有任何问题。我们跑到其他时代或地方,也许有人制作图像来鞠躬敬拜,但我们这里没有图像。让我们看看这是否属实。让我们踏上天平，看看根据这条诫命衡量的结果。

我相信这就是争战之处。撒旦试图阻止我们正确地敬拜神，阻止我们把祂放在一切事物的首位。如果我让一些人造的形像进入内心，取代了造物主，那就是一种罪。我相信，撒旦要我们把任何东西都拿来敬拜，无论多么神圣——圣经、十字架、教堂——只要我们不崇拜神自己。

除了神和祂的独生子耶稣基督，你在圣经中找不到一处，允许一个人跪下敬拜任何事物。在《启示录》中，当天使来到约翰面前时，约翰要俯伏敬拜他，但天使不让。如果来自天上的天使都不容被敬拜，那么，当你发现人们向画像或形像低头敬拜时，即使是十字架，这也是罪。为数众多的人，似乎被这些东西冲昏了头脑。除了我之外，你不可有别的神。不可跪拜那些像〔雕刻图像〕。神只要我们敬拜祂，我们若不信耶稣基督是道成肉身的神，就不应当敬拜祂。我对基督的神性毫不怀疑，就像我对我的存在毫不怀疑一样。

敬拜包括两件事：内在的信仰和外在的行为。在我们公开地显示对神和耶稣基督的错误概念之前，我们的内心已经犯了罪。正如某人所说，贬低神位格的观点是错误的，贬低神位格的做法同样有罪。这就是保罗所说的意思：我们就不当以为 神的神性象人用手艺、心思所雕刻的金、银、石（徒 17: 29）。有些人对基督有不符合圣经的观点，这些观点确实违反了第二条诫命。

第二诫

一个问题

问题立刻就出现了，这条诫命是不是要完全禁止使用受造物的图画和图像？有人认为确实如此。他们以犹太人和伊斯兰教徒为据。犹太人从不青睐于艺术品。伊斯兰教徒，直到今天，在图案中没有动物的形像。我不同意他们的看法。我认为神只禁止用图像和其他东西来作为敬拜对象。*不可为自己雕刻偶像……不可跪拜那些像，也不可事奉它*。《出埃及记》中，神命令将帐幕的金烛台的碗做成 *形状象杏花，有球有花*（出 25：33）；以弗得的外袍有一个下摆，他们要在下摆上交替放一个铃铛和一个石榴（出 29：25）。神自己怎么会下令做一些东西来违反第二条诫命呢？

我认为，这条诫命是一个呼召，呼召应当用心灵来敬拜神。这和基督对撒玛利亚妇人的宣告是一致的： *神是个灵，所以拜祂的，必须用心灵和诚实拜祂*（约 4：24）。

而这恰恰正是人们难以做到的。当使徒们还活着时，人们就开始竖起他们的像，敬拜代表他们的圣物。人们有一种渴望，渴望有形的、可以看见的东西。生活在感官中，比生活於心灵中，要容易得多。这就是为什么会有对仪式主义的需求。有些人天生就是清教徒；他们要一种简单的敬拜形式。其他人认为，假如没有吸引感官的形式和仪式，他们就无法敬拜。很多在神面前心不是很真诚的人，会在这些形式中寻求庇护，借表面上敬虔的表现来缓解他们的良心。第二条诫命限制了这种欲望和倾向。

当我们对神不真实时,神会感到哀伤。神是爱,当我们朝秦暮楚,祂就会受伤。本诫命的惩罚告诫我们,人种什么,就收什么,无论是好是坏;不仅如此,他的孩子也将与他同享收成。请注意,惩罚,自父及子,直到第三代和第四代,而仁慈,则赐给成千上万的后裔,或者(更准确的翻译)直到千代。

蠢而无用的图像

仔细想一想,你将会发现,试图以物来代表神是多么的无用。基督徒们曾试图用画来描绘三位一体,但你怎么可能画出那肉眼未能见的东西呢?你能画出你自己的灵魂、精神、或意志吗?摩西给以色列人留下深刻的印象:当神在火中对他们说话时,他们未见其身,唯听到其声。

神的画像或形像会降低我们对祂的概念。我们本应在蒙恩和知识上长进,它却把我们固定在表象上。它使神变为有限。它把祂降到人的层面;正是出于人的需求,产生了如印度、中国那些狰狞可怕的偶像,因为,人们按自己的臆想塑造了这些形像。如果,美国人造出如此丑陋的东西来代表总统,就像异教国家的人们造他们的神一样,总统会作何感想?以赛亚以极大的讽刺,谴责愚昧的偶像制造者;那铁匠,用钳子和锤子塑造神像;那木匠,取一棵树,一部分用来烧火取暖、烤肉,另一部分则用尺、平面和半圆规来造人的形像,称其为神,叩拜他。

> 这树，人可用以烧火，他自己取些烤火；又烧着
> 烤饼，而且做 神像跪拜，做雕刻的偶像向他
> 叩拜。他把一分烧在火中，把一分烤肉吃饱。
> 自己烤火说：啊哈，我暖和了，我见火了。他用
> 剩下的做了一神，就是雕刻的偶像。他向这偶
> 像俯伏叩拜，祷告他说：求你拯救我，因你是
> 我的神（赛 44：15-17）。

一个人，肯定要比他所制造或生产的任何东西都要伟大。既然如此，居然还会去崇拜这些东西，这岂不是极为愚蠢吗！

所有偶像崇拜的根源，是人的内心惯用一些吸引感官的东西来代表神。这种内心的倾向，直接导致偶像崇拜。尽管初衷不是崇拜事物本身，但最终会以这种方式结束。正如麦克拉伦博士（Dr. McLaren）所说，"敬拜中，让感官成为心灵的盟友，是一项冒险的工作。一旦将感官和心灵合在一起开始敬拜，它们之间就很容易为自己争夺上手。历史表明，所有象征性和仪式性敬拜的尝试，最终的结果，多数是导致感官化的虔诚，而不是心灵化的感受。"[6]

图片和形像

有人可能会说，"我发现图画和形像，对我有很大的帮助。

---

6 原注：亚历山大·麦克拉伦（Alexander MacLaren, 1826-1910），*The Epistles of St. Paul to the Colossians and Philemon*.

我知道，它们本身并不神圣，但它们帮助我在灵修时，能将我的心思意念专注于神身上。"

当特朗布尔博士（Dr. Trumbull）在北田郡（Northfield）时，他用了一个很好的例子来回答这个问题。他说：

> 假设，有个年轻人正望着窗外，等着外出的母亲归来，盼望她一出现，他就能见到。他要是把她的照片贴在窗框上作为帮助，那是聪明还是愚蠢？正如这个问题的答案是非常确定的一样，毫无疑问，我们与神最好的交通，是对所有肉眼可见的东西闭上眼睛，单单以心灵来接受圣灵。

我宁可与基督有五分钟的交通，也不愿花很多年，站在祂的画像和形像前。摆在我的心灵和我的创造者之间的任何东西，对我来说，都不是帮助，而是障碍。神赐给我们不同的感恩方法让我们来亲近祂。让我们用这些方法来与神相交，而不是寻求祂明确禁止的那些东西。

戴尔博士（Dr. Dale）说，在他上大学的时候，他的壁炉墙上，挂着一幅我们的主的版画。

> 那脸上的平静、尊严、温柔和悲伤，代表了在那些日子里，我头脑中基督以人的形像呈现的最高概念。我经常看着那副画，很少不被它所

感动。几个月之后,我发现,我的迷信情感,逐渐地使我老围着它转,而这些迷信情感,总是因代表神性的图像所造成。版画,对我来说,正成为神以肉身显现的神社,而我,渐渐明白了偶像崇拜的滋长。起初,眼见的符号只是一个符号,仅此而已;它有助于思考;它激起激情。然而,它最终与它所代表的神认同。如果我每天在十字架前鞠躬祈祷,把它当作基督来称呼,尽管我知道它不是基督,我对它感到敬畏和爱,这就是偶像崇拜的本质。

你是否想过,世界上没有一张从基督的门徒那里传下来的祂的画像?谁知道祂的样子如何?除了一两个零星的一般性描述,圣经没有告诉我们祂的样子,如圣经所说,他的面貌比别人憔悴,他的形容比世人枯槁(赛 52: 14)。我们对祂的特征、头发、眼睛的颜色,以及其他有助于真实再现的细节一无所知。有哪位艺术家能告诉我们?祂没有给祂的门徒留下任何纪念品。祂的衣服被那些把祂钉在十字架上的罗马士兵抢占了。在祂的门徒中,没有一件单独的东西传下来。看起来,似乎基督有意不留下任何遗物,免得它们被视为神圣、被崇拜?

历史进一步告诉我们,早期的基督徒不愿为基督制作任何形象的画和雕像。他们认识祂是因祂复活后向他们显现,并且应许祂会继续和他们同在,这种活生生的真实性是任何图像都无法取代的。

我看到的基督的画像,或多或少,都让我反感。我有时认为,有祂的画像这件事的本身就是错误的。

论到十字架,戴尔博士说:

> 它使我们的敬拜和祷告变得不真实。我们在崇拜一个不存在的基督。祂现在不在十字架上,而是在宝座上。祂的痛苦永远过去了。祂已经从死里复活了。祂坐在神的右边。如果我们向一位正在死去的基督祈祷,我们不是在向基督祈祷,而只是在纪念祂。十字架鼓励病态的、不真实的敬拜,其对基督教世界敬虔生活所造成的伤害,是无法估量的。它给了我们一个将死的基督,而不是一个活着的基督,一个与我们相隔许多世纪的基督,而不是一个近在身边的基督。[7]

内住的基督

没有人能说我们今天需要这些东西。看哪,我站在门外叩门;若有听见我声音就开门的,我就要进到他那里去,

---

[7] 原注:戴尔(R. W. Dale), *The Ten Commandments* (London: Hoddard and Stoughton, 1871), 49。

我与他,他与我一同坐席(启 3:20)。如果基督住在我们心中,为什么我们还需要把祂的像放在眼前?因为无论在哪里,有两三个人奉我的名聚会,那里就有我在他们中间(太 18:20)。我们若凭信心抓住这个应许,难道还需要外在的象徵和表像?如果君王与我们同在,为什么还要在代表祂的雕像前鞠躬?用一个图像(有人说过)来取代祂的位置,就如同把太阳从天空中抹去,用其他的光来代替。 "你无法通过仪式主义的缝隙、有罪之人的盲眼,或人制作的雕像、艺术图像,或诡异设计的、虚假歪曲的神学谎言来看祂。不,要在祂自己的话语中,在祂自己的启示中,来寻求祂——祂把这些赐给所有行在祂道路上的人。这样,你将能够遵守新约启示最后的警告:小子们,远离偶像(约壹 5:21)。"

我相信,如果将许多热心的基督徒放在天平上,以这条诫命来衡量,就会发现有所欠缺。提客勒 是对他们的判决,因为他们对神和基督的敬拜不纯洁。愿神打开我们的眼睛,看到这危患,正如蚕食般,在基督教世界的公共敬拜中,侵蚀蔓延!让我们时时记住基督在《约翰福音》第四章的话语;这些话语,表明真正的属灵敬拜,跟特殊时期和地点无关,因为,它适用于全时全地:

> 你当信我。时候将到,你们拜父,也不在这山上,也不在耶路撒冷。……时候将到,如今就是

了，那真正拜父的，要用心灵和诚实拜他，因为父要这样的人拜他。神是个灵，所以拜他的，必须用心灵和诚实拜他（约4：21，23-24）。

第三章

第三诫

不可妄称耶和华你 神的名,因为妄称
耶和华名的,耶和华必不以他为无罪。

(出 20:7)

前不久,我和一个自认为自己是基督徒的人交谈时,我惊讶地发现,有的时候,当他生气时,他会咒骂。我说,"我的朋友,我不明白,你怎么能一手拆墙一手砌墙。我不明白,你怎么能自称是神的孩子,却让那些脏话从你嘴里跑出来。"

他回答说:"慕迪先生,如果你知道我,你就会明白的。我的脾气很急。从父母那里遗传下来的,无法控制;但我的脏话,只是嘴里说说而已。"

当神说,祂必不以妄称祂名的人为无罪,祂言之凿凿。我不相信,任何妄称神名的人,可以成为神真正的孩子。神的恩典,若不能让我控制自己的脾气,不至于失控,使神的咒诅临到自己身上,那又是为了什么呢?当一个人从神而生时，神就会从他身上拿走"诅咒"。泉纯则溪清。心正则言实，身正则行端。然而，没有人，在他从神而生之前，可以事奉神，并遵守祂的律法。所以，我们当看到重生的必要性。

妄称 神的名意味着（1）轻率、不加思索、轻浮，或（2）亵渎、欺瞒。

妄称神的名

我认为，如现今这样，以如此少的敬意，如此随意地妄称神的名字，是令人震惊的。甚至，在自称是基督徒的人中，也是如此。圣经告诉我们，犹太人认为神的名字是如此神圣，除了大祭司每年一次，在赎罪日进入至圣所提起神的圣名，他们不敢随便提神的圣名。这与基督徒在公共场所和私人敬拜中滥用圣名形成了多大的对比！我们习惯匆匆地与神同在，然后匆匆而去，感情上对神没有祂当得的敬畏和赞美。我们忘记了自己是在圣地。

你知道"敬畏"这个词在圣经中出现的次数吗？仅仅一次。和什么有关？神的名字。《诗篇》 一百十一篇9节说，祂的名圣而可畏。犹太拉比认为这条诫命是如此重要，甚至说，当这条诫命在西奈山首次颁布时，整个世界都颤抖了。

亵渎神的名

尽管对神的名有太多轻浮、随意的用法，但是，对这条诫命的违反，却更多地体现在亵渎。妄称神的名就是亵渎。

第三诫

有爱发誓的人在读这个吗？如果把你放在至圣所的天平上，用第三条诫命来衡量，你会如何？静想一下。你今天有没有妄称神的名？

除非神禁止，否则，我不相信人会因诅咒而感到有罪。他们不以自己的朋友、父母亲、妻子或孩子的名起誓。他们反到表现自己是如何轻视神的律法。

许多人认为，诅咒只是口头禅，不带任何意义。要记住，神不认为如此。所以，祂说祂不以人为无罪，即使社会认为其无罪。

有一次，我碰到一个人。他告诉我，他一生中从未犯过罪。他是我碰到过的第一个"完美"的人。我决定问问他，用律法来衡量他。我问他："你生气过吗？"

他说，"有时我会生气，但我有权这样做。这是由于义愤的缘故。"

"你生气的时候会诅咒吗？"他承认他有时会这样做。"那么，"我问，"你准备好面对神了吗？"

"是的，"他回答说，"因为我诅咒时从来无意。"

假设我偷了一个人的手表，他来找我。"是的，"我说，"我偷了你的表，把它当押了，但我是无意的。我把它当押了，把钱花掉了，但我是无意的。"

你肯定会嘲笑这种说法。

噢，朋友们！你万万不能跟神开这种玩笑。就算是无意义的诅咒，也是神禁止的。基督说，我又告诉你们，凡人所说的闲话，当审判的日子，必要句句供出来；因为要凭你的话，定你为义；也要凭你的话，定你为罪（太 12：36-37）。你的言论，无论是闲话还是亵渎，你都将担当责任。

一无是处的恶习

讲道理的人都谴责诅咒的恶习。诅咒，被称为废话连篇、荒谬绝伦的罪，因为，无人从中受益；不仅有罪，且毫无用处。一位老作家说，那专记录人话的，主管告状的天使，抓到一句可指控的脏话，飞上天，把那脏话递呈上去时，竟连自己的脸都红了。

当一个人亵渎神时，显出对神的全然蔑视。战争期间，我在军队里，常常听到人们谩骂、诅咒。[8] 有的时候，某位敬虔的妇女，走遍军营，来寻找受伤的儿子；奇怪的是，儿子在她面前，却不会诅咒、说脏话。这些人不会在自己的母亲、妻子、和姐妹面前诅咒；他们对这些妇女的尊重胜过对神的尊重！

这样的谴责难道还不够呛——诅咒，居然可以一直被容忍，直到公认为是粗俗的东西，是对社会的一种犯罪？直到那个地步，人们才停止诅咒——而同样的这些人，却从未想过，诅咒，是对抗神的一种罪。

神的国度里不容诅咒、说脏话的人。在见到神的国度之前，他们必须弃绝诅咒的罪，悔改。

---

[8] 原注：慕迪在南北战争期间担任基督教委员会（Christian Committee）主席，前往营地和战场分发圣经、赞美诗集、和祈祷册子。

第三诫

如何避免诅咒

有人经常问:"我怎样才能不诅咒?"

我来告诉你。当神把祂的爱放在你心里,你就根本不会咒诅祂。如果你很尊重神,就不会想到诅咒祂,就像你不会轻视、贬低你所爱的母亲一样。但是,属血气的人就与神为敌,完全蔑视祂的律法。惟有当那律法写在他的心上时,遵守律法,就不成问题了。

大约三十年前,我在西部传讲福音。有一天,我正在露天布道时,突然有个男的,驾着一辆漂亮的马车进了场。听了一回儿我的讲道,他突然一鞭子抽那匹漂亮的马,骤然而去。我当时从没想过会再见到他,但是第二天晚上,他又来了;而且,夜复一夜地继续来听讲道。

我注意到,他老用手挠他的额头。你也许注意到,有人要是老是把手放在额头上——他其实是不想让人家看到他在流泪。毕竟,大汉子一个,在宗教聚会上流泪,可不是值得露面的事情。

会后,我对一位先生说:"那个每晚驾马车来这里的人是谁?他对福音有兴趣吗?"

"兴趣!我想不会吧!你应该听听他今天是怎么讲你的。"

"噢,"我说,"这是他感兴趣的兆头。"

若没有人对你说反对的话,你的基督教也就不值钱。人们说施洗约翰,耶稣的先行者,他是被鬼附着的,耶稣说,人既骂家主为别西卜,何况他的家人呢(太 11:18; 10:25)。

我问这个人住在哪里，我的朋友告诉我，不要去看他，因他只会诅咒我。我说："诅咒人的乃是神；遭诅咒的乃是人。"最终，我得到他的地址，就去看他。他是那地方，一百英里之内，最富的人，有一个妻子，七个可爱的孩子。我刚到了他家门口，就看见他从前门出来了。我走到他跟前说："你是XX先生，是吗？"

　　他说："是的，先生，我就是。"然后，他挺起身子，问："你有什么事吗？"

　　我说："我想问你一个问题，如果你不介意的话。"

　　"什么问题？"

　　"有人告诉我，在本地区，神给你的祝福，胜过所有的人；祂给了你财富，一位美丽的基督徒妻子，七个可爱的孩子。我不知道这是不是真的，但我听说，祂从你那里得到的回报，只是诅咒和亵渎。"

　　他说："请进，请进。"我就进去了。　"是这样，"他说，"你在外面说的都是真的。如果哪个男人有一个好妻子，我就是那个男人；我还有一家可爱的孩子。神确实对我很好。但是，你知道吗，那天晚上，我们有客人在这里，我在餐桌上对妻子咒诅，直到客人走了之后才意识到。当我妻子告诉我这件事时，我一生中，从未感到过如此的卑鄙无耻。她说，她真希望地板开了一条缝，让她从座位上掉进去。不要说一次，我已经试了一百次不咒骂。你们这些传教士对此一无所知。"

"是的,"我说,"我全知道;我自己一直也是个蠢人。"

"但是,"他说,"你对做生意的人的烦恼一无所知。当他整天受到骚扰和折磨时,就会忍不住骂人。"

"哦,是的是的,"我说,"他会的。我对此有所了解。我自己曾经也常常骂人。"

"什么!你曾经也骂人?"他问。"你是怎么停止的?"

"我从未停止过。"

"为什么,你现在不说脏话了,是吗?"

"是的,我已经很多年没有说脏话了。"

"你怎么停止的?"

"我从未停止过。它自己停止了。"

他说:"我不明白你的意思。"

我说:"我知道你不明白。我来,就是要和你聊这个。这样,你只要活着,就再也不会说脏话了。"

我告诉他,唯心中有基督,才能将咒诅的恶习挪去。

"好吧,"他说,"我要怎样才能得到基督呢?"

"马上跪下来,告诉祂,你想要什么。"

"但是,"他说,"我这辈子从来没有跪过。我整天都在诅咒,可我不知道如何祷告,祈求什么。"

"原来是这样"我说,"确实令人沮丧,你只在咒诅时滥用神的名,却不知道如何求祂的怜悯。但祂不会拒绝你。你若想得宽恕,就求神宽恕你。"

然后,那个人就跪下来祷告——只有短短几句话而已,但感谢神,毕竟,简短的祈祷,带来最快的回应。祷告完后,他起身说:"我现在该怎么办?"

我说:"去教会,告诉那里的人,你要成为一个完全彻底的基督徒。"

"我做不了,"他说。"除了参加葬礼,我从不去教会。"

"当下,这正是你去教会,做葬礼以外的事的时候。"我说。

过了一会儿,他答应去,但顾忌人们会怎样对他说。在接下去的一次教会祷告会上,那人在那里,我就坐在他前面。他站起身,双手撑在长凳背上,颤抖得厉害,连我都能感觉到长凳在动。他说:"朋友们,你们都知道我。如果神能拯救像我这样凄苦的人,我要你们为我的得救祈祷。"

那是三十多年前的事了。前段时间,我回到那个小镇,但没有见到他。可是,当我在加利福尼亚的时候,有个人邀请我和他一起吃晚饭。我告诉他,我不能,因为我另有一个约会。然后,他告诉我他的名字,问我是否还记得他。"当然记得,"我说,"告诉我,自从那天晚上你跪下来,求神原谅你之后,你有没有咒诅?"

他回答说:"从那以后,我再也没有咒诅的念头。彻底消失了。"

他不但悔改了,而且成了一名积极认真的基督徒。这些年来,他一直在事奉神。这就是,当一个人从神生时,自然产生的结果。

第三诫

有哪一位爱诅咒、发誓、说脏话的人,准备好了,把这条诫命放在天平上,来衡量自己吗?假定,你每六个月或一年只诅咒一次;假定,你十年才诅咒一次;你认为神,会不以你的这种行为为罪吗?在神的眼中,你的心是不洁净的。你将如何来面对神,亵渎者?难道,你不会被裁定有亏欠吗?就像一根羽毛,你经不起在天平上称重。

第四章

第四诫

> 当记念安息日,守为圣日。六日要劳碌做你一切的工,但第七日是向耶和华你 神当守的安息日。这一日你和你的儿女、仆婢、牲畜,并你城里寄居的客旅,无论何工都不能作;因为六日之内,耶和华造天、地、海,和其中的万物,第七日便安息,所以耶和华赐福与安息日,定为圣日。(出 20: 8-11)

过去的二十五年里,安息日在本国,有所削弱。像参孙一样,很多人失去了属灵的力量,原因是,他们在守安息日这个问题上,不够坚定。[9] 你能说,你很好地遵守主日吗?你也许自称是基督徒;你遵守这条诫命吗?你是否在主日忘了神的殿,而把时间花在乌七八糟的地方,饮酒作乐,公然蔑

---

9 有关参孙的故事,读和合本圣经《士师记》第十六章。

视神和神的律法？你准备好了，在这条诫命的天平上衡量自己吗？你上个主日在哪里？你是怎么度过的？

我真诚地相信，这条诫命，今天和以往一样具有约束力。我曾与那些说它已被废除的人交谈过，但是，他们无法指出圣经中任何地方，神已把它废除。当基督在世上时，祂没有将它搁置一旁。相反，祂把它从文士和法利赛人的条条框框下解放出来，赋予它应得的位置。安息日是为人设立的，人不是为安息日设立的（可 2: 27）。对于今天的人来说，它和以往一样实用和必要——事实上，甚至比以往任何时代都更重要；因为，我们生活在一个如此繁忙紧张的时代。

在伊甸园里，安息日就具有约束力，从那时起就一直有效。这第四条诫命以"当记念"这个词开头，表明当神在西奈山的石板上写下这条律法时，安息日已经存在。人们若承认其他九条诫命仍然具有约束力，怎能声称这条诫命已被废除？

我相信，当今的安息日（主日）问题，对整个国家来说，都是一个至关重要的问题。这是当前亟待解决的问题。如果你放弃主日，你就放弃了教会；如果你放弃教会，就会放弃家；家破了，国就亡。而这就是我们正朝着向前滑进的方向。

神的教会正在失去它的力量，因为，许多人放弃安息日，利用这一天来满足私欲。

第四诫

如何守安息日

安息日 的意思就是"休息",这个词的意思,暗示了如何正确遵守这一天。神,在完成创造之后休息,并规定安息日为人类的休息日。祂赐福与它,定其为圣日。 "记念休息日以守为圣洁。" 经过六天的辛劳,在这一天,身体得以恢复着力,灵魂得以与造物主有更紧密的交通。

真正守安息日可以分为两大头:停止日常工作和开始敬拜活动。

停止世俗工作

一个人,应当在七天中的一天,放下他的日常工作。有很多人,由于职业的性质,不能守星期日为安息日,就应该改日为安息日。星期六是我休息的日子,因为我通常在星期天讲道,我期待星期六,就像一个小男孩盼望节日那样。神知道我们需要什么。

传道人和传教士经常告诉我,他们没有休息日。他们不需要休息天,因为他们为主作工。这是一个错误。当神吩咐摩西建造会幕时,推出安息日,命令当严格遵守。后来,当摩西将神的话传达给以色列子民时,他解释说,在安息日,甚至不能捡木柴来生火,用于冶炼,或其他用途。尽管以色列的工匠们同心协力,日以继夜地建造圣幕,但在七天中必休息一天。这个诫命不仅适用于古代的以色列工匠,也适用于今天的传道人,和其他从事基督教事工的人。

紧急必需的工作

任何工作，在判断是否可以在安息日做时，我们必须考虑这样做的原因和目的。当然，必要的和紧急的工作除外。我所说的必要的工作，是指基督允许在安息日，将牛、驴带到水边之类的行为。警卫、警察、蒸汽轮船上的司炉，还有其他的很多人，有责任必须在安息日工作。我所说的紧急工作，指的是基督允许在安息日，将牛或驴从坑中拉出来之类的行为。在天灾人祸的情况下，一个人不得不做一些原本不该在安息日做的事情。

有一位基督徒，他的雇主，有一次撺掇他星期天工作。"你的圣经不是说，如果你的驴在安息日掉进坑里，你可以把它拉出坑来？"

"没错，"基督徒回答说，"但是，如果那驴子养成习惯，每个安息日掉进同一个坑里，那我只好要么把坑填了，要么把驴子卖了。"

对安息日作工这个问题，每个人都必须以自己的良心来解决。

任何人，都不应该要求另一个人，每周工作七天。规定一天要休息。一个不得不工作七天的人，生活变得单调乏味，没有什么可指望的。在这一方面，很多基督徒是有亏欠的。

安息日出行

举个例子，安息日旅行的问题。我认为，在周日乘坐公交车,剥夺司机和其他人的安息日,这是违反了神的律法。记得吗,第四条诫命,明确指出你城里寄居的客旅 得享安息日。这难道不包括安息日出行吗?

但你会问,"我们该怎么办?怎么去教堂?"

我的回答,"步行。"这对你将会有利。有一次,我在伦敦开布道会,稀里糊涂,安排了同个安息日在不同的地方布道四次。预约后,我发现,我必须步行十六英里,来完成当天的布道。但我坚持步行了,那天晚上,我问心无愧地睡着了。我规定自己,在安息日,永远不坐公交车;假如我可以乘坐私家车,我会坚持让司机在星期一休息。我不希望,在审判日,出租车司机都起来反对我。

我的朋友们,我们若想帮助守安息日,就不要让商人、基督徒在安息日乘坐公交车。我不想拥有这些公司的股票,不然的话,就是从这些人手中,变相地夺走安息日;最终,在审判的日子,必须为此负责。在这一点上,基督徒们,让我们努力做到问心无愧。

安息日做生意

有许多人,利用安息日来赚钱。这并非是新的罪。先知阿摩斯,就曾猛烈抨击压迫剥削者说,月朔几时过去,我们好卖粮;安息日几时过去,我们好摆开麦子;卖出用小升斗,收银用大戥子,用诡计的天平欺哄人(摩 8:5)。

不安分守己是贪得无厌的人的本性,但是,直到现在,我们才发现，他们公开利用安息日来营业赚钱。我们被告知，假如没有安息日的业务，很多公司就无法盈利，所以，报纸的安息日版被认为是最赚钱的。

这个国家的铁路工人，压力重重，积劳成疾，五六十岁就呜呼丧命。铁路公司认为自己的业务如此重要，火车必须每周七天，一直不停地运行。商人在安息日出差，为了周一早上的业务做好准备。但是，如果他们这样做，神不会使他们兴旺发达。

工作确实对人有益，诫命也说，六日要劳碌做你一切的工；然而，过度疲劳，在安息日工作，反而剥夺了人拥有的最有益的东西：身心健康。

必要且有益

恢复安息日并停止当天工作，对国家的健康和幸福产生的良好作用，不可忽视。工作六天后，身体需要调整和恢复。事实证明，一个人，在六天之内，可以做比七天之内更多的事情。比肯斯菲尔德勋爵（Lord Beaconsfield）说："所有神圣典章中，最神圣的典章，乃是确保人类有一日的休息。我认为，这是赐给人类最珍贵的祝福。它是所有文明的基石，它的除去甚至会影响到人们的健康。"格莱斯顿先生（Mr. Gladstone）最近告诉一位朋友，他长寿的秘诀在于，无论公务压力如何，他从未忘记安息日，用以静心安神，养精蓄锐。美国宪法，保证总统有每周的休息日。

总统有十天的时间,"星期日除外",来考虑一份让他签字的法案。共和国的每个工人,都应该像总统一样,得到完全的保护。如果,工人们举行罢工,反对在安息日做不必要的工作,一定会得到很多人的同情。

"我们的身体,犹如七天的时钟," 塔玛格 (Talmage)[10] 说,"它需要上发条,如果不上发条,就会亡不待夕。无人能够持续不断地不守安息日,尚能保持身心健康。问问年长的人,他们会告诉你,他们从来没有听说过,有人可以连续不断不守安息日,却能在身心意念上不衰败。"

所有这些让人安息的说法,对于作工的牲畜亦如此。神,在这条诫命中没有忘记它们,人,也不应当忘记它们。

敬拜活动

但安息并不意味着无所事事。无人喜欢长时间的闲散。当某人去度假时,他不会整天无所事事。打网球、打猎、其他等等活动,他会把时间排得满满的。一个健康的头脑,一定会找事情做。

因此,安息日的安息,并不意味着坐着不动。"撒旦会找来一些恶作剧,让空闲的人去做。"[11] 避免不良想法和诱惑的最好方法,是积极参加敬拜活动。

但是,对于这些敬拜活动,我们要避免走极端。一方

---

10 塔玛格 (Thomas De Witt Talmage,1832-1902),美国布道家、牧师。参见维基百科。
11 原注:出自以撒・华兹 (Isaac Watts, 1675-1750)圣诗"勤快的小蜜蜂"("How Doth the Little Busy Bee")。

面，我们要抵制墨守成规的安息日：那种违背圣经教导，犹如法利赛人的形式主义，而非福音精神的安息日。这种墨守成规地守安息日，弊大于利。它使人感到厌倦，安息日反而成为负担。另一方面，我们要谨慎地提防，懒惰松散地守安息日。在很多城市，人们已经对安息日，公开表示不尊重。

当我还是个孩童的时候，安息日从周六的日落一直持续到周日的日落，我记得，我们这些男孩子们，常常在安息日结束时欢呼跳跃。对我们来说，这是一周中最糟糕的一天。但我相信，它可以成为一周中最光亮的一天。每个孩子，都当这样被抚养长大：也就是，他和他的朋友，说宁愿把其他的六天从记忆中剔除，也不愿让童年的安息日从记忆中消失。

公共敬拜

让安息日成为敬拜活动的一天。首先，当然是参加公共礼拜。"我们，在关于安息日的信条和实际行动之间，存在着差异，"约翰·麦克尼尔（John McNeill）说，"许多家庭，安息日早上十点钟，是否去教堂，仍然是一个悬而未决的问题。然而，周一的早上，就没有悬而未决的问题——'约翰，你今天去上班吗？'"

一位牧师，斥责一位农民不去教堂，说："你知道，约翰，你从来没缺席过市场。"

"那当然啰"回答是，"我们必须得去市场。"

有人说，若没有安息日，基督的教会在地球上，就不是

第四诫

一个有目共睹的组织。另有人说:"我们既要有信仰自由,又要有守诫命的训练。"人性如此诡谲,除非有什么特别的理由,我们往往会完全忽略去做一些事情。除非有定期、反复不断的、指定的时间和方式,一个人根本不可能自觉地敬拜。除非养成这种习惯,每天定有一段特定的时间,不然家庭和个人的灵修,肯定会被完全省略。

回忆

我曾责怪我母亲,安息日送我去教会。曾经有一次,牧师不得不派人,到圣堂的楼台上把我叫醒。我曾想,整个星期都在地里干活,然后还非得去教会,听我听不懂的讲道,这实在太难了。我离家自立后,我想我肯定不会再去教堂了。但是,我养成了去教会的习惯,结果,我无法放弃。缺席了一两个安息日后,我又回到了神的家。而且,我第一次在那里真正地找到了基督,我经常说:"妈妈,我感谢你,在我不想去的时候,你要我去神的家。"

父母们,你若想让你的孩子长大成人、尊重你,就要让他们敬守安息日。不要让他们去钓鱼,和坏人混在一起,否则,很快他们就会回家对你不恭、说脏话。当我看到一对父母带着儿子女儿穿过走道,坐下来一起聆听神的话语,没有比此更美好的画面了。不要让孩子们坐在离讲台偏远的阁楼角落,让他们坐在一个明亮显眼的地方。虽然,他们现在听不懂讲道的内容,但长大后,他们不会想要脱离教会;他们会继续在神的殿中参加礼拜。

但我们绝不能把手段误认为目的。我们不要以为,安息日,仅仅是为了参加聚会。有些人认为,花一整天的时间,参加各种聚会和个人灵修,是必需的。结果是,白天没得休息,夜幕降临时,累得筋疲力尽。一天参加教堂礼拜的次数,应该量力而行,以喜乐,得益处,不感到身心疲倦为本。参加敬拜、聚会,并不是守安息日的唯一途径。神晓喻以色列人,不仅在各样的集会中,还要在他们的住所守安息日。家庭,是对人们的生活、品质有重大影响的中心,应该成为真正守安息日的焦点。

家庭礼拜

耶利米,把不敬虔的家庭,与异教徒归为一类:愿你将你的忿怒倾在不认识你的列国中,和不求告你名的各族上;因为他们吞了雅各,不但吞了而且毁绝,把他的住处变为荒场(耶 10:25)。

有不少的母亲,时不时写信给我,征求建议,如何能在安息日取悦孩子。男孩子们说,"我真希望是晚上","我讨厌安息日",或者,"我真希望安息日结束了。"本来,对他们来说,安息日,应该是一周中最快乐、最盼望的一天。要达到这一点,也许有许多的建议要遵循。诸如,让家庭祷告会变得特别有吸引力,可以让孩子们从圣经中,学习一些经文、故事。跟在工作日相比,安息日花更多的时间在你的孩子身上;读书给他们听,或许,下午或晚上,带他们去散散步。以身作则,以示安息日是一喜乐,很快,他们就会潜移默化。留出一些时间来,进行有关敬虔的教育,但不要将其当作一项任务。你可以讲圣经故事,让孩子们猜故事中人物的名字,勾起他们的兴趣。为年幼的孩子们举办周日比赛。有关巴勒斯坦的绘本和拼图,到处有卖,很容易得到。其他如周日音乐节目,定时器,也很有帮助。再者,提供一些专和安息日有关,有吸引力的书。通过这些方法,有望让孩子们孜孜欲求,兴致勃勃地盼着这一天。

个人敬拜

除了公众和家庭敬拜之外,个人应当将一部分时间,用于自己的灵命造就。不要忽视个人的祈祷、默想、和阅读。想想有些人,每周花六天时间来健身——这身体很快就会过去,而舍不得花一天时间在心灵上——那将永远活下去的灵魂。六天都忙于其他感官,而神要求一天专注于属灵的成长和操练,这难道太过分?

若你的情况允许,不妨参与一些实际的基督徒事工,如教主日学或探访病人。尽你的所能行善。不守安息日为罪,不行善亦为罪。在这个弯曲悖谬的世界,有太多的机会,可以从事慈善和各样的圣工。让你在地上的安息日,成为为信徒准备的永恒安息日的预表。

你想要在你的基督徒生活中获得力量,不是吗?你想要圣灵的力量吗?你要让天上的甘露赐下给你吗?你想看到更多的人皈依归正吗？我坚信，唯有持守神的这条律法，我们才会有真正的归正。

安息日亵渎

人们似乎认为，有权将圣日改为假日。与四十年前相比，年轻一代有更多的诱惑来违反安息日。现在，有三大诱惑：第一，无轨电车，只要花一分钱就可以去郊外，享受、娱乐一天；第二，自行车，导致许多基督徒放弃安息日，一整天都在郊游四处；第三，周日报纸。（编者注：显然，我们得承认，慕迪的这些文章写在一八零零年代，而现在，交通工具、各项活动已成倍增加，而且继续增长。）

二十年前，如果有人预言，所有的影剧院，会在安息日都开放，芝加哥的基督徒们会感到震惊；但这就是今天的现实。如果有人二十年前预言，基督徒会在星期天早上踩着轮子出发，然后一整天都在外旅游，基督徒们会吓一跳，说这是不可能的。但是，这就是今天，全国各地正在发生的事情。

周日报刊

谈起周日报刊，有利于它的所有论据，我都知道——诸如，报刊不是在周日，乃是在周内完成的；周一的报纸，才是在周日完成的，如此等等。但是，每个周日，有二十万报童在卖报纸。你愿让你的孩子，成为其中的一员吗？还有人专门负责运输和分发报纸。你愿让你的安息日，从你手里被剥夺吗？如果不是这样，那就实行黄金法则，连碰都不要碰周日报纸。

第四诫

这些报刊的内容,任何一天都不适合阅读,更何况周日。有些纽约时报,作广告说周日版长达六十页。翻开报纸,到处充塞着肮脏的丑闻,甚至连其他国家的丑闻,都被重新翻炒一遍。"整整八页的乐趣!" ——那就是星期天的精读,不是吗?即便刊登了所谓的布道,也完全埋没在八卦新闻之中。牧师们,你若还没有这样做的话,现在正是时候,站到讲坛上,反对周日报纸。把那些购买和阅读周日报纸的人,放在天平上衡量衡量。读了两三个小时周日报纸后,他也许会去听世界上最好的布道,可是,就是再好的信息,也打动不了他。他的脑袋瓜子里,装满了他刚读过的乌七八糟的东西,根本没有思想神的空间。我相信,即使是大天使加百列,也无法给满脑子垃圾的听众留下印象。即使你在那人的头上打个洞,你都无法注入一丝有关神和天堂的思想。

我不相信出版商会让自己的孩子阅读这些东西。那么,为什么他们要把这些东西,灌输给我和你的孩子呢?

在星期日报纸上做广告的商人,没有守安息日。这是魔鬼的绝招,诱使基督徒,为星期一的商业,来做这件事。然而,即使一个人赚饱了钱,却毁了儿子、破了家,他又能得到什么?

女士们买周日报纸,翻遍周一减价、便宜货的广告,看看能买到哪些便宜的东西。正如她们的基督信仰一样,如果不用付出任何代价,就趋之如鹜。 (编者注:慕迪先生若看到今天大多数商店在周日营业时,一定会感到震惊。)

如果，基督徒们拒绝买报纸，基督徒商人拒绝在报纸上做广告，周日报纸很快就会消亡，因为，这些都是报纸获得最多支持的来源。

他们跟我说，周日报纸一定会继续下去，我不妨视而不见。痴人说梦！我相信这是一桩大恶，我只要活着，就会与之抗争到底。我从未读过一张周日报纸，我不允许家里有报纸。他们经常送报纸给我，我连一眼都没看，就把报纸给撕了。我和这些报纸泾渭分明。据我所知，它们对教徒信仰和操练的危害，比任何其他媒介都厉害。这些报纸的影响力，就是不让尊安息日为圣。这是本不该有的邪恶。难道，一个人不能在周间阅读足够新闻，而非要来亵渎安息日吗？在战争[南北战争]之前，我们没有周日报纸，没有它们，我们照样过得很好。从那时起，周日报纸的规模和数量，就一直在增加，我认为，从那以后，报纸的内容就日渐庸俗。如果你相信这一点，就请你与它们抗争。从你自己开始，把它们除掉。

惩罚或祝福

没有一个繁荣昌盛的国家，会将安息日践踏在尘土中。你若能向我出示，一个把安息日视为粪土的国家，我将向你显明，这是一个栽有毁灭、衰败种子的国家。我相信，对安息日的亵渎，会比其他任何事情，更快地摧毁一个国家。亚当从伊甸园被赶出来，婚姻和安息日，也一同带了出来；不能忽视婚姻和安息日这两件事，否则，必定遭受灾难。以色

第四诫

列的子民进入应许之地时,神告诉他们,让土地每七年安息守圣一年,并且,祂会在六年里,赐给相当和七年一样多的东西。然而,整整四百九十年,以色列人无视这条律法。但是,请你记下来:尼布甲尼撒来了,把他们掳到巴比伦,在那里囚禁了七十年。以色列人居住在应许之地的那些年里,祢一下,共有七十个安息年。七乘七十等于四百九十。由此可见,他们并没有因违反这条律法,而获得太多收益。你要么给神祂应得的一天,否则,祂自己会从你那里去掉一天。

另一方面,谨守第四条诫命,会带来祝福。你若在安息日掉转你的脚步,在我的圣日不以操作为喜乐,称安息日为可喜乐的,称耶和华的圣日为可尊重的;而且尊敬这日,不办自己的私事,不随自己的私意,不说自己的私话,你就以耶和华为乐。耶和华要使你乘驾地的高处,又以你祖雅各的产业养育你,这是耶和华亲口说的(赛 58: 13-14)。

我不知道,若我们放弃基督教安息日,这个共和国将会成了什么样子。撒但若能在一个点上将信念粉碎,他就能将信念,在所有方面,都彻底粉碎。一八六七年我在法国时,我分不清那一天是哪一天。星期天,商店开门营业,建筑物像往常一样建起来。看看法国衰落得多快。一百年前,法国和英国,在国家、民族进步中,并驾齐驱。今天,他们各站在何处?法国除去了安息日,几乎把自己国家也毁灭了,而英国,则风靡全球。

坚定的立场

我们有抗争的机会来拯救这个国家；我们需要的是有道德勇气的男男女女，站起来说："不，我不会碰周日报纸，我会用我所有的影响力来反对它。如果，我必须在周日才能从路上赶回来，我不会在周六晚上离开。我不会在安息日做不必要的事。我会尽我所能，按照神的吩咐，守安息日为圣。"

有人说，"慕迪先生，你要干什么？我必须每周工作七天，否则就会饿死。"

那就饿死吧！十九世纪有一位殉道者，岂不是一件大事？"殉道者的鲜血，是教会的种子。"有人曾说，现在，种子（殉道者）是越来越少。说实话，我们已经很久没有种子了。我愿意为这样一位殉道者竖立丰碑，以表彰他对神律法的忠诚。我会走遍世界参加他的葬礼。

天若塌下来，我们需要的，就是那些立定心志、坚持做正事的人。若安息日被娱乐取代，成为节假日，那么，基督教协会、主日学校、教会、和基督教奋进协会，将会变成什么样子？人若想要获得神的力量，难道，现在不正是时候，阻止将安息日沦为节假日吗？尽管让人家说你狭隘和偏执，只要你坚持、遵循神的律法，就会得到力量和祝福。我们这个国家，就是需要这样的基督教。当随波逐流的人容易，我们需要的，是逆流而上的人。

不守安息日者，你准备好踏上天平了吗？

第五章

第五诫

当孝敬父母，使你的日子在耶和华你 神赐给你的土地上，得以长久。（出 20：12）

就这条诫命而言，我们同样生活在黑暗的日子里。使徒保罗所写的日子，似乎就落在我们身上：*你该知道，末世必有危险的日子来到。因为那时人要专顾自己，贪爱钱财、自夸、狂傲、谤渎、违背父母、忘恩负义、心不圣洁、无亲情、不解怨、好说谗言，不能自约、性情凶暴、不爱良善*（提后 3：1-3）。如果保罗今天还活着，对当今的状况，他还能有比这更为精准的描述吗？与世界上其他文明国家相比，这个国家，可能有更多的人，伤自己父母的心，践踏神的律法。有多少个儿子，看不起自己的父母，对父母的要求不屑一顾？一个年轻人，会得到父母无微不至的看顾，照看他，满足他的需求；然而，只要交上个坏朋友，用不了几周，就把他从父母身边夺走。有多少女孩子，违背父母的意愿，结婚，离家出走，让自己的生活变得苦涩？据我所知，像这样的案例，没有一个，其结果不是很糟糕。除非悔改，否则，这些人就是自找苦吃，自寻死路。

始於家中

前四条诫命，是有关我们与神之间的关系。这些诫命，命令我们当如何敬拜，何时敬拜神；禁止言行不敬和不尊重。现在，神的诫命，转向人与人彼此之间的关系；而家庭关系是诫命首先要处理的，这岂不是人与人的关系中最重要的部分吗？然后接下去，神将向我们指明，我们对邻居的责任。神是如何开始的呢？祂不是跟我们说，国王当如何统治，士兵该如何战斗，或者，商人如何做生意，而是告诉我们，儿女们在家中的行为应当如何。

我们会看到，如果孩子们的家庭生活过得好，几乎可以肯定，他们会很好地遵守神和人的律法。父母，在很多方面，一直到孩子独立、负责任的年龄，对孩子来说，是代表神的位置。若孩子们对父母忠诚，他们就更容易忠于神。神用人际关系作为我们与祂关系的象征，无论是在创造中，还是通过恩典。神，是我们在天上的父。我们，是祂的后裔。

另一方面，若没有学会在家里顺服、尊重，就有可能不尊重国家的法律。这是心的问题，外面的行为好坏，是由心在家中育成。树之曲直，取决於枝之所向。

当孝敬父母。*孝敬* 这个词，不仅仅意味着顺服。孩子可能会因害怕而顺服。孝敬包括爱、亲情、感激和尊重。在东方,*阿爸(父亲)*和 *阿妈(母亲)* 这两个词,包括在年龄、智慧、文化、或宗教地位上的长辈,所以,当犹太人受教导尊敬父母时,既包括父母,亦包括所有的长辈和位居之上的人。难道今天没有同样的诉求吗? 当前的目无法纪,是越来越缺乏尊重当权者的自然结果。

孝敬你的母亲

值得注意的是,这条诫命崇尚孝敬母亲。但是,在某些东方国家,妇女当今却受到歧视。几年前,我在巴勒斯坦(Palestine)时,耶利哥(Jericho)最漂亮的女孩,被她父亲卖掉,换回一头驴。在许多古代国家,就像在今天的异教国家一样,父母一旦年老体弱就会被杀死。难道,我们不能在这条诫命中看到神的手,将妇女从异教主义的屈辱中,提升到应有的尊荣地位吗?

当孝敬父母,使你的日子在耶和华你 神赐给你的土地上,得以长久。我相信,我们必须回到这古老的真理。你可以轻视它、嘲笑它,但要记住,这条诫命是神所赐的,你不能置若罔闻。我们若回归到这条律法,就会有力量和祝福。

在世的祝福或诅咒

我相信,且确凿无疑,我们在世的状况,取决于我们如何按照这条诫命行事。要孝敬父母,使你得福,在世长寿。这是

第一条带应许的诫命(弗6:2-3)。当照耶和华你 神所吩咐的,*孝敬父母*,使你得福,并使你的日子在耶和华 你神所赐你的地上,得以长久(申5:16)。轻慢父母的,必受咒诅(申27:16)。咒骂父母的,他的灯必灭,变为漆黑的黑暗(箴20:20)。圣经中,有大量的经文用来阐明这个真理。经验亦告诉我们同样的道理。一个善良、有爱心的儿子,通常比一个叛逆的儿子,长大成人后会更优秀。在家中顺服、尊重,为以后服从雇主铺平道路;这些美德与其他美德相结合,使事业兴旺,直至晚年,冠以功成名就。不服从,不尊重父母,往往是下滑堕落的第一步。许多罪犯有证说,这是他们误入歧途的起点处。我活了六十多年,假如我没有学到别的,就只学到了一门功课,那就是——任何羞辱父母的子女都不会有成就。

年轻小伙子,年轻姑娘,你是怎么对待你父母的?你若让我知道,我就会告诉你,你是否将在生活中成功。当我听到一个年轻人,轻蔑地谈论白发苍苍的父母时,我可以说,他实在是落得低俗无耻、不可救药。当我看到一个年轻人,在社会上像绅士一样彬彬有礼,却对他的母亲大发雷霆,对他的父亲言语不恭,我对他的敬虔,根本不屑一顾。如果说,地球上,有任何男女应当得到温柔相待,那就是慈爱的母亲或父亲。如果他们一生都得不到你的尊重,你对父母恩勤的回报又是什么?思想一下,在你年幼的时候,他们如何舐犊情深,茹苦含辛地养育你。

第五诫

母亲的爱

回头想一想你生病的时候。你母亲不理睬你?若有个邻居进来说:"嬷妈,你去躺下睡吧;你已有一周没睡觉了;我替你一个晚上,"你母亲这样做了吗?没有吧!如果她疲惫不堪,不得不休息一下,她也是醒睡着;只要一听到你有动静,她会立即出现在你身边,问你所需,为你擦去额头上的汗珠。如果你想喝水,她很快就将水递上!若行的话,她乐意将你的疾病转给自己,来救你。舐犊之爱,为了你,她会不惜一切代价。无论你在罪恶和痛苦中陷得多深,无论你变得多么不道德,她的心始终有你。或许,因你任性,她更爱你;她要用那永不消亡的慈绳爱索把你牵引回来。

孩子的忘恩负义

我在英国时,曾经读到一个故事。讲的是,有个自称是基督徒的人,因为不扶养他年迈的父亲,被告到地方法官。此人把自己的父亲送进救济院。我的朋友们,我宁愿一箪一瓢,也不愿让我的父母去救济院。简直难以想象,一个自称是基督徒的人,会做出这种事!求神怜悯这样一个不敬虔的基督教!那是枯萎的东西,天堂的气息能将它驱逐!万不可一面自称爱神,一面做那样的事。

有个朋友告诉我一个故事,说是有个穷人,把儿子送到城里上学。有一天,父亲把一些木头运进城去卖,也许是攒钱给儿子付学费账单。正巧，那个年轻人和他的两个同学，都穿着高级时装，一起在街上走。父亲看到了儿子，就很高兴，当即把货放下，跑到人行道上和儿子说话。但这男孩子，见了穿着旧工作服的父亲，感到羞耻，对父亲嗤之以鼻，说："我不认识你。"

这样的年轻人能有成就吗？绝对不会！

我记得，我在芝加哥教主日学时，校里有一个非常有前途的年轻人。他父亲是一个酒鬼，母亲靠洗衣服挣钱，来支付四个孩子的教育费用。这男孩子是长子，我当时以为，他将来会让全家彻底翻身。但是，有一天，发生了一件事情，使我对他的看法一落千丈。

男孩子在读高中，而且是个学霸。有一天，他和母亲站在一间救济院的小屋门口，聊天。母亲收入菲薄，支付孩子们的学费、吃穿之后，入不敷出，无法租一间好房子住，只好住进救济院。俩人正说话的时候，有个高中同学从街上走过来。那男孩子见了，马上就从他妈妈身边走开了。第二天，那高中同学问男孩子："那是谁呀？我昨天看到你在和她说话。"

"哦，那是给我洗衣服的女工。"

我说："可怜的家伙！他永远成不了材。"

那是很多年前的事了。我一直在关注着他。他不断地下滑，下滑，下滑，现在，成了一个悲惨的废物。他必然会倒下，因为，他为自己的母亲感到羞耻!他母亲疼爱他,茹苦含辛,为他承担了那么多的艰辛!我实在无法向你描述,我对那一幕的蔑视。

光彩的画面

几年前,我听说,一个很穷的女人,送她的儿子读书,上大学。儿子大学快毕业的时候,邀请妈妈来参加毕业典礼。妈妈回信说不行,因为,她唯一的一条裙子,都已经缝补过一次。她穿着太破旧了,害怕儿子会为她感到羞耻。他回信说,他不在乎她的穿着。在儿子强烈的敦促下,结果她去了。儿子到车站接了母亲,带母亲去一个不错的地方住。儿子毕业的那天,和穿着破烂的母亲同走在宽阔的过道上,而且把母亲安排在大厅里最好的座位上。令她大吃一惊的是,儿子是年级的毕业生代表(Valedictorian)。他还得了奖品;当他拿到奖品后,在全场观众面前,走下台来,吻了吻母亲,说:"看,妈妈,看这奖品。这奖品是属与你的。如果不是因为你,我不会得到它。"

我为有这样一个人而感谢神!

圣经一瞥,我们读到,基督活在地上三十三年,其中的三十年生活鲜有描述,而这三十年却表明了一个事实:祂来,不是要废了,而是要成全,这第五条诫命。基督那沉寂无声三十年之奥秘,都蕴藏在《路加福音》那节经文中:*他就同他们下去,回到拿撒勒,并且顺从他们*(路 2:51)。更甚之,在遭受十字架的巨大痛苦中,祂尚为母亲安顿日后的供养,难道,这不正是真正孝顺的榜样吗?当祂在世的日子里,难道祂不曾怒责法利赛人对这律法的枉然逃避吗?祂说,假冒为善的人哪!以赛亚指着你们说的预言是不错的。他说:'这百姓用嘴唇尊敬我,心却远离我;他们将人的吩咐当作道理教导人,所以拜我也是枉然'(太 15:7-9)?

> "你们是离弃 神的诫命,拘守人的遗传。……摩西说:'当孝敬父母;'又说:'咒骂父母的,必治死他。' 你们倒说:'人若对父母说,我所当奉给你的,已经作了各耳板'(各耳板,就是供献的意思),以后你们就不容他再奉养父母。这就是你们承接遗传,废了 神的道,你们还作许多这样的事。"(可 7:8,10-13)

中国,有一个民间习俗。这习俗,对我们这个所谓的基督教国家来说,是应当好好借鉴的。每年元旦的早晨,从皇帝,到最底层的农民,每个男子都会去拜访他的母亲,并尽其所能,带给她一份礼物。他衷心感谢母亲为其所做的一切,并求在新的一年内,能继续得到她的宠爱。亚伯拉罕·林肯曾经说过:"我所有的一切,都归功于我的母亲。"

我宁愿死一百次,也不愿让我的孩子长大后,对我不恭不敬。我愿得他们的尊重,胜过千万次世界的尊重。我愿得他们的敬重和爱戴,胜过得到全世界的敬重。任何人,若单求世界的荣誉和尊重,却不善待父母,必定会让人失望。

第五诫

劝勉

年轻人,你的父母若健在,就当善待他们。尽你所能,使他们的有生之年甜蜜幸福。请记住,这是十诫中唯一的一条诫命,在你有生之年,不能保证定有机会履行。只要你活着,你就能事奉神,遵守安息日,并遵守所有其他诫命;但是,对于大多数人来说,总有一天,父母会相继去世。当他们在世时,你若没有向他们表达应有的尊重和爱,一旦当你失去祝福他们的机会时,你将会有多大的痛苦!你有多久没有给你母亲写信了?或许,你已经有几个月没有给家里写信了,也有可能是好几年了。有多少次,我收到母亲们的来信,敦促我来感化她们的儿子!

你愿意成为谁——约瑟,还是押沙龙?约瑟,心里一直亏欠,直到把自己的老父亲带来埃及才释怀。他是埃及最有名望的人,仅次于法老。他衣着华丽;手上戴着法老的戒指,颈上挂着金项链。众人一见他面,便喊道:"主来了,快快跪下!"然而,当他听说雅各来到时,赶紧出去迎接。面对位穿着牧羊人衣服的百岁老人,他不以为耻。

而在押沙龙身上,我们看到了何等大的差距。押沙龙的叛逆,伤透了他父亲大卫的心。据说,犹太人直到今天,每当经过押沙龙的石柱子时,都向它扔石头,以示对押沙龙不敬行为的极度厌恶。

你准备好称重衡量了吗?如果,你一直瞧不起自己的父母,请踏上天平,看看自己有多大的亏欠!我不知道,还有谁,会比轻待父母的人更轻如鸿毛。你存心不顺从他们吗?你试图欺骗他们吗?你称他们为过时,嘲笑他们的建议?你如何对待你那忠心的父亲和为你祈祷的母亲?

也许,你自称为基督徒,但是,除非你的信仰融入并教会你如何生活,我对你的信仰,实在是不屑一顾。你若不从家里做起,不检验你对父母的行为,我根本不在乎你信什么宗教。

第六章

第六诫

不可杀人。(出 20：13)

我曾经说过，"在这无丝毫念头，永远不会犯谋杀罪的观众面前，讨论这样的诫命有何用处？"但随着年龄的增长，我才看到，许多谋杀行为，并不一定是直接的杀人。我并非要亲手杀人，才被定义为杀人犯。例如，我生气生到某个程度，希望某人去死，在神眼中，我就是一个杀人犯。神看人心，说恨弟兄的便是杀人犯。

首先，让我们看看这条诫命，不禁止什么行为。它不禁止，为了食物和其他原因，而宰杀牲畜。在摩西条文诫律下，每年要宰杀数百万只公羊、羔羊和斑鸠作为祭品。基督自己也吃了逾越节的羔羊，我们也知道，祂自己吃了鱼，而且提供给祂的门徒，以及听祂讲道的民众吃。

此诫命也不禁止在自卫中杀死窃贼。在颁布十诫之后，神制定了一项法令，人若遇见贼挖窟窿，把贼打了，以至于死,就不能为他有流血的罪(出 22:2)。当基督说,家主里若知道几更天有贼来,就必警醒,不容人挖透房屋(太 24:43),这不就是宣称这种自卫的想法合法?

圣经不禁止死刑。神亲自为违反前七条诫命,以及其他罪行,设定了死刑。大洪水过后,神对挪亚说,凡流人血的,他的血也必被人所流,其理由今日和当时一样的真实:因为神造人,是照自己的形象造的(创 9:6)。

诫命禁止的,是在邪恶的动机和情形下,恶意或故意夺取人的生命。人是按照神的形象造的。他是为永恒而造的。他的价值远超过动物。因此,人的生命应该被视为神圣。一旦被夺走,就永远无法恢复。在异教徒的地方,人的生命,如同动物的生命,无神圣而言;即使在基督教的国土,也有不珍惜生命、残酷无情、极端自私的人;然而,神却赋予生命以很高的价值。十八世纪的一位异教徒哲学家说:"对于宇宙来说,人的生命并不比牡蛎的生命更重要。"[12] "罪在哪里呢" 他问道,"从他们的天然的血管里弄出几盎司的血来?"[13] 对这样的谬论,唯一笑置之,无言以答。

---

[12] 原注:大卫·休谟(David Hume),*Essays, Moral, Political, and Literary*, Part III, Essay IX, Section 9, www.econlib.org/library/LFBooks/Hume/hmMPL48.html。

[13] 原注:大卫·休谟(David Hume),*Essays, Moral, Political, and Literary*, Part III, Essay IX, Section 12。

第六诫

人的价值

让我给你读一段 H. L. 黑斯廷斯 (H. L. Hastings) 的文章:

> 一八四四年,我的一个朋友去了斐济群岛。你猜当时一个土族人在那里值多少钱?你可以用一杆鸟枪,或七美元的价格,买下一个土族人。买下之后,你可以随心所欲地对待他。你可以喂他,让他饿死,让他作工,鞭打他,或者,把他吃掉。通常,他们是吃掉这些买来的土族人。但是,如果你今天去那里,你花七百万美元也买不到一个人。那里现在没有人口买卖。是什么带来了变化?是什么导致了人的价值这种巨大的差异?答案,就在那散布在岛屿上的,一千二百座基督教教会。

当地的人已经学会读圣经,并从中得到启示,知道你们得赎,脱去你们祖宗所传流虚妄的行为,不是凭着能坏的金银等物,乃是用凭着基督的宝血,如同无瑕疵、无玷污的羔羊之血(彼前 1: 18-19),从此,他们吸取了这个教训,就再也没有人口买卖了。

人们跟我说,世界正在变得如此美好。我们可是在这里谈论我们的美国文明。我们忘记了,此时此刻,犯罪率在我国，正以惊人的速度增长。有报道说，世界上，没有一个文明国家如同美国那样，谋杀案频出无穷，惩罚却鲜而有之。

自杀

另外一种谋杀，在我们中间，同样以惊人的速度增加——自杀。每个时代，都有一些非基督徒，主张自杀是摆脱艰难痛苦的正当手段；但思想家们，早到亚里士多德（Aristotle），普遍谴责自杀：自杀，无论在任何情况下，都是懦弱和不合理的行为。无人有权夺取自己的生命，就如无人有权夺取他人的生命一样。

犹太人，神的子民，把日子过得长久视为一种祝福。圣经，没有提到任何一个好人自杀的例子。四千年的旧约历史，只记载了四起自杀事件，而新约圣经，只记载了一次自杀事件。这五个事件分别是：以色列王扫罗，帮扫罗拿兵器的兵士，亚希多弗，心利，和加略人犹大。你去查看一下圣经，就知道他们是何许人了。

其他类型的谋杀

但我还想说的是，这个国家，还有很多其他类型的谋杀，尽管它们不属于法律范围内的凶杀。一个人，若因犯罪性的疏忽，而导致他人死亡，便是有罪的。卖有病牲畜的肉的贩子，让罪犯酒醉后犯罪的酒店老板，污染食品的人，以及，在不安全的环境和有害的工作条件下，危害员工和他人生命的雇主,都有着双手沾满血的罪过:因其结果是使生命丧失。

一八九二年,我在英国时,遇到一位绅士,他声称,在执行法律方面,英国领先于我们。"我们对凶手执行绞刑,"他说,"但在你们国家,二十个杀人犯中,没有一人被判绞刑。"

我说:"你大错特错了,在两个国家里,到处都是逃过绞刑、满街闲逛的凶手。"

"你的意思是?"

"我会告诉你我的意思,"我说。"一个人闯进我家,为了抢我的钱,把匕首刺进我心脏,那便是凶手。但是此人,若与我那位花五年时间,把我和我心爱的妻子慢慢折磨致死的儿子相比,高贵的简直就像是王子。一个青年人,夜夜喝醉回家,辱骂白发苍苍的母亲,剜心挖肝,一寸一寸地杀死她,那才是最黑的凶手。"

这种事情,在我们周围,简直是层出不穷。有个大学里的年轻人,独生子,他母亲写信给他,不赞成他的赌博和酗酒习惯;他到邮局取信,当看到信来自母亲时,二话不说,随手就把信给撕了。

母亲说:"当我发现,我对那儿子已失去影响力时,我实在是痛不欲生。"

一个男孩子,若以他的行为,将母亲折磨死了,你不能称之为谋杀;然而,这正如他用匕首刺穿了母亲的心脏一样,他确实违反了第六条诫命而有罪。如果这个国家,所有那些正在把父母和妻子折磨至死的年轻人,下周都被送上绞刑,那将会有很多的葬礼。

你是如何对待父母的?你是否正在将他们折磨至死?这第六条诫命,很自然的紧随第五条诫命:当孝敬父母。不要让他们的有生之年无安详之日,凄惨而过。请记住,这条诫命,不仅是指那冷血杀害一个人的凶手,亦指那最恶毒的凶手——那月复一月,年复一年,直到把圣洁母亲的生命活活掐死,把敬虔父亲送进坟墓里的儿辈们。

基督的教导

让我们再来看登山宝训——人们对此都非常熟谙,看看基督说什么。"你们听见有吩咐古人的话,说:'不可杀人,'又说:'凡杀人的,难免受审判。'只是我告诉你们:凡向弟兄动怒的,难免受审判(有古卷在"凡"字下添"无缘无故地"五字);凡骂弟兄是拉加的,难免公会的审断;凡骂弟兄是魔利的,难免地狱的火(太 5:21-22)。

"有三种不同程度的谋杀罪,"有人曾说,"所有这些罪,都并非要靠击打才发泄出来:暗中的恼怒,恶意的嘲笑,以及公开的、突然爆发的、辱骂攻击性的言语。"

再来看看,使徒约翰说了什么?凡恨他弟兄的,就是杀人的;你们晓得凡杀人的,没有永生存在他里面(约壹 3:15)。

你有没有在心里,暗暗叨唸某人去死?那就是谋杀。你是否曾经怒不可遏,恨不得某人被伤害?那你就有罪了。我也许在对某位正在滋养不饶恕精神的人讲话。那是恶魔的灵,你必须把它从你心中根除。

我们,仅能从人的行为来判断人——此人做了什么。然而,神洞察人心。人心,才是违背神的律法的,一切恶念、邪欲的发源地和居所。

再听一遍耶稣的话:因为从里面,就是从人心里,发出恶念、苟合、偷盗、凶杀、奸淫、贪婪、邪恶、诡诈、淫荡,嫉妒,诽谤,骄傲,狂妄(可 7:21-22)。

我们心中若藏匿这些邪恶的东西,愿神洁净我们的心!此时,若我们中间的许多人被称重,应该不难发现,伯沙撒王的厄运,恰恰是针对我们的——提客勒,显出你的亏欠!

第七章

第七诫

不可奸淫。(出 20:14)

有个驻军在印度的英国军官,一直过着荒淫的生活。有天晚上,军官心血来潮,找军牧争论起有关基督教信仰。谈话中,这位军官说:"基督教一切都很好,不过,你不得不承认,基督教有讲不清楚的地方——比如神迹。"

知道此人和他不齿於人的淫乱生活,牧师平静地看着他的脸,回答说:"是的,我承认,圣经中有些东西不是很清楚,但是,第七条诫命却是直接明了。"

直话直说

我真希望我能跳过这条诫命不讲,但我觉得,现在不是不要讲,而是到了大声呼喊的时候了。直接、公开地讲这条诫命,在今天不是很时髦。"教伦理的教师们普遍同意,在公开教学中，要禁止提有关两性之间的爱的建议、警告或涵义，"斯托克博士（Dr. Stalker）说。仿佛这些东西，只能是诗人和小说家的题材。然而，最近有位作家，在英国出版了一本自传，谈到年轻时的愚蠢和荒诞，说是因为他从未听过有关第七条诫命的布道。

尽管对淫乱，人们的倾向是不闻不问，但神对此绝无置若罔闻。每当我听到有人轻描淡写地对待淫乱放荡时，我就拿起圣经，看看神是如何让诅咒、忿怒降临到这罪孽。

不可奸淫。（出 20：14）

因为这是大罪，是审判官当罚的罪孽。这本是火焚烧，直到毁灭，必拔除我所有的家产。
（伯 31：11-12）

因为妓女能使人只剩一块饼，淫妇猎取人宝贵的生命。人若怀里搋火，衣服岂能不烧呢？人若在火炭上走，脚岂能不烫呢？亲近邻舍之妻的，也是如此；凡挨近她的，不免受罚。与妇人行淫的，便是无知；行这事的，必丧掉生命。他必受伤损，必被凌辱；他的羞耻不得涂抹。
（箴 6：26-29，32-33）

你们岂不知不义的人不能承受 神的国吗？

> *不要自欺!无论是淫乱的、拜偶像的、奸淫的、作娈童的、亲男色的、偷窃的、贪婪的、醉酒的、辱骂的、勒索的,都不能承受 神的国。*(林前 6:9-10)
>
> *至於淫乱,并一切污秽,或是贪婪,在你们中间连提都不可,方合圣徒的体统。淫词、妄语和戏笑的话,都不相宜; 总要说感谢的话。因为你们确实地知道,无论是淫乱的,是污秽的,是有贪心的,在基督和 神的国里都是无分的;有贪心的,就与拜偶像的一样。不要被人虚浮的话欺哄;因这些事, 神的忿怒必临到那悖逆之子。所以你们不要与他们同伙。*(弗 5:3-7)
>
> *淫乱的……他们的分就在烧着硫磺的火湖里;这是第二次的死。…… 城外有那些……淫乱的。*(启 21:8;22:15)

从头到尾,整本圣经,有多处是神对这污秽淫乱之行的忿怒和警告。用词直截了当,毫无妥协之处。

婚姻与家庭

这条诫命,是神设置的,用来保护婚姻和家庭的堡垒。婚姻,是伊甸园里就有的制度典章之一;早於先祖堕落这前。这是人与人之间最神圣的关系，甚至超过亲子关系。有人指出，如神起初造一男一女，这是万世万代、永远不变的伦理。当这一家庭关系被忽视、遭羞辱时，其结果总是悲惨的。家庭的存在先於教会，除非家庭保持纯洁无污，否则，家庭敬虔就不存在，教会就处于危险之中。淫乱放荡使一个又一个国家灭亡消失了。不是因它的缘故，所多玛和蛾摩拉，遭从天而降的火和硫磺吗？是什么驱使罗马走向毁灭？故事，就在庞贝城（Pompeii）和那不勒斯（Naples）的淫秽壁画和雕像之中。任何地方，家庭若没有神圣性，人口就减少，家庭美德消失，孩子从出生就走向堕落，因为腐烂的种子已经种下。一八九五年，这个国家（注：美国）有两万五千人离婚。[14] 前些日子，我去了一个著名城市的高档区，我听说，除了两个家庭之外，每家都有一个离婚的儿子或女儿。淫乱和离婚是携手共进，淫乱必造成离婚。背弃了这条古老的律法，我们并没有得到什么收获，难道不是吗？

魔鬼的赝品

色欲，是魔鬼的爱的赝品。世上，没有比纯洁的爱情更美好的东西，同样，没有什么东西比色欲更具有毁灭性。我不知道，比起奸淫和此诫命所谴责的同类罪来，下地狱还有更快

14　原注：2016年，美国差不多每36秒钟就有一桩离婚案。统计下来，每天有2,400桩，每星期16,800桩，每年876,000桩。McKinley Irvin Family Law: www.mckinleyirvin.com/Family-Law-Blog/2012/October/32-Shocking-Divorce-Statistics.aspx.

更短的途径。圣经说,因为人心里相信,就可以称义,但是,奸淫和酒,并新酒,夺去人的心(罗 10:10;何 4:11)。色欲,将会夺去男人心中纯洁自然的感情。他为了某个下贱的妓女,会不惜践踏圣洁美丽妻子的感情和好言相劝。

年轻人,你正过着污秽的生活?假设神的天平在你面前落下;你会怎么做?你适合於天国吗?你很清楚你不适合。你讨厌自己。当你面对纯洁的生活,或你的妻子或母亲时,你会说:"我真是一个卑鄙的恶人!放荡不羁的肉欲,正在把我带入早早而来且不光彩的坟墓。"

愿神向我们揭示,这是多么可怕的罪!居然敢轻视它!我不知道,还有什么罪会使一个人更快的堕落毁灭。当我想到世界上正在发生的事情时,我实在感到震惊——这么多的年轻人过着不纯洁的生活,当谈起女性的美德,好像没有任何价值。今天,这罪就像洪水泛滥,将我们吞淹。每个城市都有一大群的妓女。成千上万的年轻人正彻底沉沦在这可诅咒的罪中。

浪女

我认为,在美国,日光之下最阴暗的事情,就是女人被男人毁了之后的后续;通常,还是在平等的婚姻承诺的幌子下。浪子回家时,还得到上好的袍子和肥牛犊 (译者注:见和合本《路加福音》十五章),但浪女得到什么?尽管,她受到的伤害多于其罪,她还是遭到社会的抛弃和排斥。

除非她以自杀来加速她的厄运,她被注定要过一种几乎绝望的生活;屈辱,羞耻,逐渐沉入一个可怕的坟墓。然而,那把她身心都毁了的坏家伙,依旧昂首挺胸——社会不认为他有任何污点。同样的一个人,他若赌搏欠债不还,或被查出赌搏作弊,就会立即被社会淘汰;但是,他可以吹嘘自己放荡的生活,而他的伙伴们却对此毫不在意。父母亦如此:他们不愿让女儿结识一个礼仪上粗俗的男人,却会毫不犹豫地接受以不纯洁著称的男性社团。

谈到偷窃——那窃取女人美德的男人,是世上最卑鄙的小偷!与窃取你姐姐的美德,或窃夺你妻子的感情、抢走你妻子的卑鄙、好色之徒相比,进你家偷钱的人简直就是王子;世界上,没有一个小偷小摸的窃贼像他一样卑鄙。人们通过法律来保护他们的财产,但是,对他们来说更亲近、更珍贵的东西被掠走时,却视若无睹!假如一个男子,将一位年轻女士,推入河中淹死,按法律他将被逮捕,并以谋杀罪受审。然而,他若赢得了她的好感,玷污了她,然后又抛弃了她,那他岂不是比杀人犯还坏吗?有些罪比谋杀更严重,这就是其中之一。有人若这样对待你的妻子或姐姐,你会想开枪打死他。既然如此,为什么,你不愿像尊重你母亲和姐姐那样,尊重所有的女人?"这是什么法律,居然可以原谅淫秽的猛禽,却把被玷污和流血的鸽子一脚踢开?"[15]

---

15 原注:弗雷德里克·威廉·法拉(Frederic William Farrar), *The Voice from Sinai: The Eternal Bases of the Moral Law* (New York: Thomas Whittaker, 1892), 220.

从神来的审判

神已经指定解决这件事的日子。不要自欺，神是轻慢不得的；人种的是什么，收的也是什么（加6：7）。祂要照各人所行的报应各人。你可能穿过教堂的过道，坐下听道，以为没有人知道你的罪。但神坐在宝座上，祂一定会审判你。你相信，神会允许这种地狱般的事情继续下去吗——女人承担所有的责任，而有罪的男人却不受惩罚？神已经指定日子，祂将以公义审判这个世界，而且，这日子正飞快地来到。

如果你犯了这个罪，你要立即悔改，不要过了今天。如果你活在一些隐秘的罪中，或滋养着污秽的思想，请坚信，靠着神的恩典，你定会得拯救。只要悔改，并竭尽全力修复，我不相信，一个犯了此罪的人永远不会看到神的国度。

邪恶的结果

即使在今生，通奸和不洁，在肉体和精神上，都有着可怕的后果。那起初的快乐和兴奋——使那么多人误入歧途，很快就过去了，剩下的只是邪恶。罪恶，如蝎子般，有着带刺的尾巴。身体若行了罪，身体最终受苦。保罗说，人所犯的，无论什么罪，都在身体以外，唯行淫的，是得罪自己的身子（林前6：18）。大自然本身，以无名的疾病惩罚得罪的身体，而罪人最终堕入坟墓腐烂，留下其罪的影响，继续腐蚀他的后代。在这世上，有些国家，整个男性社会已被这种可怕的祸害摧毁。

奸淫，把一个人降到比野兽还低的地位。它还将记忆给玷污了。我相信，记忆是不死的虫子，淫秽不洁的故事、行为将永远存在记忆里。一个人即使悔改归正，改过自新，也常常为过去的劣迹而挣扎。

情欲使参孙落入大利拉的权势，大利拉借此夺走了他的力量（士16：4-21）。情欲导致大卫杀人，使神的忿怒降在他身上；如果他不痛悔，他就会失去天堂（撒下11：14-17；12：9-15）。我相信，如果约瑟抵不住波提乏妻子的引诱，他的光就会消失在黑暗中（创39：7-12）。

奸淫，通常以两种结局告终：要么，因意识到失去纯洁，而深感悔恨和羞愧；要么，内心变得更刚硬，反而变本加利地犯奸淫——这种结局更为可怕。

今天，我们常常听到的是各种各样的感情喜好。这个罪自己宣染自己；从脸上和行为上它表露出一些痕迹，但它把自己更是深藏在黑夜的阴影中。涉足这个邪恶的人，一步一步地沦落，直到其心地破碎，名声毁坏，健康消失，生活变得像地狱一样黑暗。愿神唤醒这个国家，能看到这罪恶正蔓延到何等程度！

难道，有人会否认，如圣经所说，*浪荡女人的房子 是在阴间之路，下到死亡之宫*（箴7：27）吗？难道，很多人的品格，不是因这该死的罪，整个一生都被毁了吗？妻子们，难道不是宁愿进坟墓,也不愿过如此的生活吗?几年前,很多男人和纯洁的女人在神面前结合,承诺爱她、珍惜她。可是现在,他却把感情交给应召女郎,给妻子和孩子带来毁灭!

你有罪吗?

年轻人,年轻姑娘,你自知有罪吗?记住基督怎么说:*你们听见有话说,"不可奸淫。"只是我告诉你们,凡看见妇女就动淫念的,这人心里已经与她犯奸淫了*(马 5: 27-28)。有多少人想要悔改,但手脚被捆绑,原因是有一些妓女,脚被钉在地狱里,抱住他说:"若是你抛弃我,我就让你出丑!"请问,你能把那堕落的女人一起带上,踏上天平?

你若犯了这可怕的罪,就赶快保命吧。趁着还有时间,聆听神的声音。向祂认罪。求祂打开捆绑你的锁链。求祂使你战胜你的情欲。若是你的右眼犯了邪,就把它剜出来扔掉。若是你的右手冒犯了,就把它砍掉。像参孙一样,浑身颤抖,说:"靠着神的恩典,我不会下到奸淫者的坟墓里。"

奸淫者,你尚有希望。淫妇,你也有希望。只要你悔改,神不会拒绝你。无论你陷在罪恶和苦难中多深,你都可能被洁净,成圣,因主耶稣的名和神的灵而称义。记得基督对那个有罪妇人说的话:*你的罪赦免了。你的信救了你,平平安安地回去吧!* 对那行淫时被抓的妇人说:*去吧! 从此不要再犯罪了*(路 7: 48, 50; 约 8: 11)。

第八章

第八诫

不可偷盗。(出 20：15)

在奴隶制时代,有个奴隶,带着很大的能力布道。他的主人听说了,找他来,说:"我知道你在布道?"

"是的,"奴隶说。

"好吧," 主人说,"我会给你需要的时间,我要你准备一篇关于十诫的布道,特别着重偷窃,因为庄园里偷窃的事情很多。 "

那奴隶的脸色顿时沉了下来。他说他不想那样做,因为那个主题不如其它题材那样温暖。

我注意到,当你就先祖的罪孽来讲道时,人们欣然满意,但当你谈到今天的罪孽时,他们就不喜欢。因为,触及到的东西有切肤之痛。然而,我们必须在教会中一遍又一遍地陈述这些古老的教义。也许,没有必要在这里谈论严重违反第八条诫命的行为,因为法律会处理这些行为;

但是，偷盗不全是一定要打开保险箱和扒窃。许多人不会拿走属于个人的东西，但从政府或大公司偷窃却毫不在意。你若从富人那里偷东西，就如同从穷人那里偷东西，同样是一种罪过。你若对你买的东西的价值撒谎，你不是想欺骗顾客吗？买物的说："不好！不好！"及至买去，他便自夸（箴 20：14）。

另一方面，有许多人，自己不偷盗，但持有靠不诚实手段得利润的公司的股份，这就应了：你们和不信的原不相配，不要同负一轭。义和不义有什么相交呢？光明和黑暗有什么相通呢？（林后 6：14）

有个年轻人，是我们芝加哥圣经学院的。他有一次坐电缆车，在售票员过来收车费之前，车就到达学院，他没有付车费就下了车。之后，回想起这件事时，他对自己说，"这是不对的。我已经坐了车，我应该付车费。"

他记得售票员的脸，就找到售票员，付给他五分钱。

"有意思，"售票员说，"你可真是个傻瓜，不留下这钱。"

"不对，"年轻人说，"我不是傻瓜。我坐了车，应该付车费。"

"但是，有没有收钱，那可是我的责任。"

"不对，是我的责任把钱交给你。"

售票员说："我想，你一定是那个圣经学院的。"

我听到过少许有关圣经学院的故事，没有比这件事更能让我高兴了。没过多久，那售票员来学院，请那学生去他家探访。于是，在他家里开始了圣经学习，不仅是他，还有其他一些来参加学习的人，都因此皈依归正了。

鲜有的日子，你不会在报纸上读到某家银行的出纳员贪污，或者，某项大型诈骗活动，毁掉了数十人；某项失败的背信、欺诈性业务，等等，诸如此类的丑闻。这些事情，在全国各地，层出不穷。

我希望，我们能把赌博彻底清除，因为赌博必导致偷窃。若基督徒们能采取正确的立场，他们能在很多场所进行检查，中止赌博。

恶习始於何处

恶习通常从家里和学校开始。父母对偷窃的谴责和惩罚非常宽松。孩子的偷窃行为，也许从偷吃糖果开始。初时，母亲对此不以为然，孩子的良心虽受侵犯，但无任何错误感。很快，要改变这个习惯就不是一件易事，因为，每一个新的冒犯，使其恶性膨胀，终成痼疾。

被盗物品的价值与偷窃罪的大小无关。曾经，有两人为此问题争论，其中一个人说："你不会说，偷一枚别针和偷一块钱，对神来说，都是一样的吧？"

"当你能告诉我，对神来说，一枚别针和一美元的价值区别时，"另一个说，"我就会回答你的问题。"

价值或数量，不是我们要考虑的，我们要考虑的，是行为本身是对还是错。部分服从是不够的;服从必须是完全的。小的放纵,小的过犯,正是把敬虔逐出灵魂的原因。千里之堤,溃于蚁穴。这些小偷小摸,为更严重的罪,奠定了基础。倘若你降服于小试探,当大试探临到你时,你将无法抗拒。

神的砝码

你是否曾向他人勒索金钱或信息?你准备好踏上神的天平秤量了吗?你将如何对待神的谴责:……*有向借钱的弟兄取利,向借粮的弟兄多要的。且因贪得无厌,欺压邻居夺取财物,竟忘了我。这是主耶和华说的*(结22:12)。

雇主,你是否对迫使员工过度工作,而深有负罪感?你是否骗取了雇工的工资?你是否支付最低工资?*困苦穷乏的雇工,无论是你的弟兄,或是在你城里寄居的,你不可欺负他*(申24:14)。主万军之耶和华说:"*你为何压制我的百姓,搓磨贫穷人的脸呢?*"(赛3:15)。*看哪,工人给你们收割庄稼,你们亏欠他们的工钱;这工钱有声音呼叫。并且那收割之人的冤声已经进入万军之主的耳了*(雅5:4)。

而你,这被雇佣的人,你对你的雇主诚实吗?你是否趁他不注意,消磨时间来诈他?现在,若神召你站到祂面前,你有什么话好说?

让商家踩在天平上。你将如何面对神的律法?你是否在销售中作弊?你是否鱼目混珠,以劣品代替真品?你的广告是骗人的吗?你的低价格,是否因数量或质量上打折扣,来欺骗你的顾客?你是否怂恿你的店员,在商品上贴上假标签,以高价出售来获得更多的利?你明知道是半棉的,却叫他们说是全羊毛的?你在重量或尺寸上作弊?看看神怎么说:*我若用不公道的天平和囊中诡诈的法码,岂可算为清洁呢*(弥 6:11)?*你囊中不可有一大一小两样的法码。你家里不可有一大一小两样的升斗。当用对准公平的法码,公平的升斗。这样,在耶和华你 神所赐给你的地上,你的日子就可以长久*(申 25:13-15)。*你们施行审判,不可行不义;在尺、秤、升、斗上,也是如此。要用公道天平、公道法码、公道升斗、公道秤*(利 19:35-36)。你也像说这话的那些人:*月朔几时过去,我们好卖粮;安息日几时过后,我们要摆开麦子,卖出用小升斗,收银用大戥子,用诡诈的天平欺哄人,好用银子买贫寒人,用一双鞋换穷乏人,将坏了的麦子卖给人*(摩 8:5-6)。

"你若指给我看,一个做买卖不诚实的人,"弗朗德(Fronde)说,"我就指给你看,那人所谓的敬虔是虚假的。"[16] 除非你的敬虔,能让你在做生意上诚实公道,否则它分文不值。这不是真正的敬虔。神是一位公义的神,没有一个真正跟随祂的人,可以偏离左右而不违背祂的道。

---

16 原注:Fronde (弗朗德), *Indiana State Sentinel, Volume 27, No. 66* (November 20, 1878)。

窃物的负担

我听说过一个故事,说是有个男孩,从海军造船厂偷了一个榴弹。他见机行动,偷偷溜进造船厂,把榴弹偷到手。但是,当他把榴弹偷到手后,却不知如何处理。那榴弹又重又大,无法藏在口袋里,他只好把它藏在帽子底下。回家后,他不敢拿榴弹给父母看,因为怕被发现这是偷来的。多年以后,他说,这是他偷过的最后一件东西。

另一个故事,讲得是维多利亚女王,有一颗价值六十万美元的钻石被偷了。那钻石是从受雇镶嵌的珠宝商的橱窗里被偷走的。几个月后,有个穷困潦倒的人,惨死在一间简陋的宿舍里。结果,在他的口袋里,发现了被偷的钻石,另外,还有一封信。信里说,他不敢把钻石卖了,否则,他会被发现,抓起来下监牢。除了惶惶不安,终日愁苦不堪,钻石没有带给他任何好处。

你偷的每样东西,对你都是诅咒。罪,乃是无孔不入。人,若拿了不属自己的钱,就永无安宁。他没有真正的快乐,因为,他有愧疚感。他无法正视一个诚实的人。他,既在现今失去了内心的平安,而且,还失去了进天堂的希望。*那不按正道得财的,好像鹧鸪抱不是自己下的蛋;到了中年,那财都必离开他,他终久成为愚顽人*(耶 17: 11)。*不要一个人在这事上越分,欺负他的弟兄;因为这一类的事,主必报应,正如我预先对你们说过,又切切嘱咐你们的*(帖前 4: 6)。

我也许正在和某个店员谈话。他今天可能从雇主的抽屉里，拿了五美分，买了一支雪茄。或许，他拿了十美分，去刮了胡子。他以为明天把钱放回去，就无人知晓。事实上，如果你拿了一分钱，你就是小偷。你有没有想过，这些偷鸡摸狗的事，会让你走向毁灭？你敢让你的雇主知道？假如他不把你告上法庭，他也一定会解雇你。你未来的希望将破灭，因为要重新开始，那将是艰苦的工作。所以，无论你的境况如何，千万不要拿不属于你的一分钱。与其偷东西，不如在贫穷中上天堂——从救济院上天堂。做一名诚实的人，而不是那坐着镀金战车，满载偷来的财富，周游世界的人。

补偿

如果你曾经不诚实地拿了钱，直到你把钱还清了，你没有必要来祈求神原谅你，并用圣灵来充满你。假如你现在没有钱还，但你只要愿意去做，神会接受你的心意。

许多人被困在黑暗和不安中，原因是在补偿这一点上没有顺服神。如果犁头深耕——若是真正的悔改，就会结出果实。我若对人做了错事，或不义的从他身上拿走任何东西，除非我改过自新，否则，我来到神面前有什么用？撒该就是一个很好的例子，他说，主啊，我把所有的一半给穷人；我若讹诈了谁，就还他四倍（路 19: 8）。还人的当头和所抢夺的，遵行生命的律例，不作罪孽，他必定存活，不致死亡。他所犯的一切罪必不被记念。他行了正直与合理的事，必定存活（结33：15-16）。认罪和赔偿是得宽恕的前导。在你未踏出这两步之前，你的良心会不安，罪会困扰作祟。

几年前，我在不列颠哥伦比亚省（British Columbia）布道，有个年轻人来找我，说想成为基督徒。长久以来，他一直走私鸦片到美国。

"我的朋友，"我说，"我认为，在你做出赔偿之前，你没有任何机会成为基督徒。"

他说："如果我这样做，我会落入法律的手掌，我会进监狱。"

"确实是这样，"我回答说，"但你最好这样做，而不是带着你灵魂上的罪愆，去到神的审判台前，接受永恒的惩罚。如果，你摆正脸做正事，主是非常仁慈的。"

他伤心地走了，第二天，又回来说："我有一个年轻的妻子和孩子，我家里所有的家具，都是我用这种不义的钱买的。如果我成为基督徒，那家具就得搬走，我妻子就会知道。"

"最好让你的妻子知道，不要眷恋你的家和家具。"

"你能来我家，探访我的妻子吗？"他问。 "我真不知道，她会说什么。"

我去看她了。当我告诉她这情况时，她泪流满面，说："慕迪先生，如果我丈夫能成为一名真正的基督徒，我乐意付出一切。"

她拿出她的钱包，分文不余，全部掏出。那人在美国有一块土地，他把它上交给了政府。至今为止，在我有生之年，我不知道有哪个活着的人，比起那人来，有为耶稣基督更好的见证。他曾经是不诚实的，然而，当真相呈现，他必须纠正才能让神帮助他时，他立马改正了。此后，神奇妙地使用了他。

除非你认罪悔改，并作出赔偿，否则为罪痛哭流涕，百般后悔，都无济于事。

第九章

第九诫

不可作假见证陷害人。（出 20：16）

十诫中有两条是有关以喉舌表达的罪：第三诫，禁止妄称神的名；第九诫，禁止作假见证陷害人。这双重的禁止，作为一个严肃的警告，应该给我们留下深刻的印象；尤其是，当我们看到，《圣经》中，有多处对口出恶言之罪的谴责。《诗篇》、《箴言》、和《雅各书》，主要都是涉及这个主题。

抱纯守真

比鸟兽群更高出一层，有系统的人类社会，全仗语言的力量；没有语言，文明社会将不复存在。语言是文明社会结构中的基本要素。要达此目的，语言必须是值得信赖的。言必有信。如水泥为稳固房屋之关键，若将之混浑掺杂，终将使房屋倒毁。保罗说，所以你们要弃绝谎言，各人与邻舍说真话,因为我们是互相为肢体(弗4:25)。请注意此经文的缘由——我们是互相为肢体。一个人,若不知道是否应该信任他的邻居,那么,所有社区,联盟,和协会,都将破碎。

违反这条诫命的罪是形式多样,屡见不鲜。每个年龄段的男女都需要提防这些罪。其中有一些罪是最令人头疼的。大卫曾急忙地说,"人都是说谎的!"(诗116:11)。曾有人评论说,大卫要是活在今天,他可以很坦然地这样说,因为,事实确实如此。

伪证

禁止作假证,但这不限于在法庭作证,或在宣誓下作证。人若必须宣誓,才能保证其说的是真话,光这本身不就是一种谴责吗?伪证——既在宣誓下作假证,作为违法行为,是最严重的罪行之一。对此,几乎每个文明国家都给於严厉的惩罚。对伪证,除非及时审查处理,否则的话,它将动摇司法系统的核心基础。

说谎,既说假话,诽谤,既散布谣言破坏他人的名誉,是最常见的两种违反这条诫命的行为。

说谎

我们常把谎言分为黑白谎言,社交性和商业性谎言。神的道不会这样来降低标准。谎言就是谎言,无论是在什么情况下,或是由谁说出来的。我听说,在远东,他们会把骗子的嘴缝上。我担心,如果这是美国的习俗,恐怕很多人会遭封嘴之苦。父母,应该从孩子小的时候开始,教导他们在任何时候都要严格诚实。有句哩语:"谎言无腿。"它需要其他谎言来支持。你若撒了一个谎,就不得不告诉别人来支持你的谎言。

诽谤

既然你不喜欢任何人,对你作伪证,毁坏你的品格和名誉;那你为何要对别人这样做?看看本国的公众人物是如何被诽谤的!无论好坏,无一逃脱。新闻界,以及对这些公众人物知之甚少或一无所知的人,对他们、他们的家人和他们的品格品头论足。如果这些品头论足,有十分之一是真实的,那么,这些人物中,至少有一半应该下监狱。诽谤被称为"杀人之喉舌"。诽谤者如苍蝇一般,老喜欢叮疮疤,从来不碰好的地方。

如果,大天使加百列降临人间,参与世事,我相信,不出四十八小时,他的品格将遭到攻击。诽谤者称基督为饕食者和酒鬼。耶稣宣称自己是真理,但人们非但不敬拜祂,反而将祂钉死在十字架上。

据说,每当有人在彼得大帝(Peter the Great)面前说别人坏话时,他会立即阻止那人说:"怎么,他难道没有光明的一面吗?请告诉我,你对他好的方面的了解。往人外套上抹泥巴很容易,但我宁愿帮助一个人保持外套干净。"

我用不着将这三个罪相关的恶行一一列出。谣言、夸大其词、歪曲、影射、流言蜚语、似是而非、该说实话时隐瞒真相、贬低、和曲解本意——这些都是违反第九条诫命的常见行为，只是根据动机或表达方式，其犯罪形式和程度有所不同。所有这些，都是用来在公众舆论坛上对某人作伪证攻击——而这个论坛的裁决，我们谁都逃不过。我们生活的大部分时间，都在公众视野中，任何谎言，导致对我们误判，都是极端的错误。

敬虔的考验

雅各将管住舌头作为对敬虔的考验。若有人自以为虔诚，却勒不住他的舌头，反欺哄自己的心，这人的虔诚就是虚的。原来我们在许多事上都得有过失；若有人在话语上没有过失，他就是完全的人，也能勒住自己的全身（雅 1：26；3：2）。就像医生看舌头，可以看出身体的健康状况一样，言为心声，人口中所说的，是内心的反映。真理出自善良的心；谎言和欺骗出自腐败的心。当亚拿尼亚把卖田产的价钱私自留下几份，彼得责问他，为什么撒旦充满了你的心，叫你欺哄圣灵（徒 5：3）？撒旦是谎言之父，亦是谎言的煽动者。

善恶皆可为其用

舌头是工具，既可传扬那鲜为人知的善，亦可吐出不可估量的恶。有人曾说，锋利的舌头，是唯一的利器，随着不断的使用,日臻完善,锋芒逼人。你的舌头邪恶诡诈,好像剃头刀,快利伤人(诗 52:2)。他们使舌头尖利如蛇,嘴里有虺蛇的毒气(诗 140:3)。义人的口是生命的泉源,强暴蒙蔽恶人的口(箴 10:11)。温良的舌,是生命树;乖谬的嘴,使人心碎(箴 15:4)。霍尔主教(Bishop Hall)说,爱管闲事的人的舌头,如参孙的狐狸的尾巴——它们携带着火把,足以让整个世界着火。

我们若把嚼环放在马嘴里,叫它顺服,就能调动它的全身。看哪,船只虽然甚大,又被大风催逼,只用小小的舵,就随着掌舵的意思转动。这样,舌头在百体里也是最小的,却能说大话。

看哪,最小的火能点着最大的树林。舌头就是火,在我们百体中,舌头是个罪恶的世界,能污秽全身,也能把生命的轮子点起来,并且是从地狱里点着的。各类的走兽、飞禽、昆虫、水族,本来都可以制伏,也已经被人制伏了;惟独舌头没有人能制伏,是不止息的恶物,满了害死人的毒气。我们用舌头颂赞那为主、为父的,又用舌头咒诅那照着 神形像被造的人。颂赞和咒诅从一个口里出来!我的弟兄们,这是不应当的!泉源从一个眼里能发出甜苦两样的水吗?

> 我的弟兄们,无花果树能生橄榄吗?葡萄树能结无花果吗?咸水里也不能发出甜水来。
>
> 你们中间谁是有智慧有见识的呢?他就当在智慧的温柔上显出他的善行来。你们心里若怀着苦毒的嫉妒和分争,就不可自夸,也不可说谎话抵挡真道。这样的智慧不是从上头来的,乃是属地的,属情欲的,属鬼魔的。在何处有嫉妒、分争,就在何处有扰乱和各样的坏事。
>
> (雅 3:3-14)

希望和名声的破灭是舌头邪恶力量的见证。在许多情况下,舌头还谋杀了它的受害者。难道不记得,多少男男女女,因诽谤和污蔑而死的例子吗?这样的例子,历史上多有记载。

文字的永恒性

说话最危险的地方,即一言既出,驷马难追。有人说,撒谎比伪造钱钞更糟糕。找回所有的假币还是有可能的,然而,一个邪恶的词却永远无法删除。听者,或读者的心灵已被毒化,人无法用工具进入心灵净化。谎言永远无法挽回。

有个以八卦出名的饶舌妇,来找神父忏悔。神父没多说,给了她一把大蓟籽,叫她出去,把花籽一粒一粒的撒在地上。她对这种赎罪法感到吃惊,但还是服从了。撒完后，她来告诉神父。接下来，神父让她去把散落的花籽，一粒一粒的收回来。当然，她发现这是不可能的。神父以此方法，医治了她爱制造流言蜚语的罪。

说谎者和诽谤者的命运

这些罪是邪恶的，圣经对这些罪的谴责严厉，含有许多严肃的警告。说谎言的，你必灭绝：好流人血弄诡诈的，都为耶和华所憎恶（诗 5：6）。因为说谎之人的口，必被塞住（诗 63：11）。在暗中毁谤他邻舍的，我必将他灭绝（诗 101：5）。说谎言的嘴，为耶和华所憎恶；行事诚实的，为他所喜悦（箴 12：22）。因为要凭你的话，定你为义；也要凭你的话，定你有罪（太 12：37）。和一切说谎话的，他们的分就在烧着硫磺的火湖里；这是第二次的死（启 21：8）。并一切喜好说谎言、编造虚谎的，断不能进新耶路撒冷（启示录 22：15）。

如何克服

"但是，慕迪先生，"你说，"我该如何改变？我怎样才能克服说谎和八卦的习惯？"一位女士曾经告诉我，她有夸大其词的习惯，结果，她的朋友们说，他们永远都不会相信她。

治疗很简单，但不会使你爽快。你要把它当作一种罪，向神和你所冤枉的人认罪。一旦你发现自己在撒谎，就直接去找那个人，承认你撒了谎。你的忏悔当与你的过犯相等。若你在公共场合诽谤,谎报任何人,你当公开认罪。许多人,在众人面前,刻薄地攻击某人,编造虚假的事情,然后,试图私下找那人认罪弥补。这样做,达不到完全补偿修复。我若有能力,我必需彻底向那人忏悔、求和,否则,毋需向神认罪。

汉娜·莫尔(Hannah Moore)的方法,确实是治流言蜚语的佳法。无论何时,当她被告知任何贬损他人的事情时,她的回答总是一样:"来,我们去找那人问问,那是不是真的。"

其作用,有的时侯,实在是令人尴尬痛苦。搞八卦的人会很吃惊,结结巴巴地编个理由,请汉娜·莫尔不要当真。但是,这好女子不退让。她立马带着说八卦的人去对质。

如此之后,无人敢第二次向汉娜·莫尔传东说西。

我的朋友,怎么样?如果神以这条诫命衡量你,你会被发现缺乏吗?不可作假见证。你是清白,还是有罪?

第十章

第十诫

不可贪恋人的房屋；也不可贪恋人的妻子、仆婢、牛驴，并他一切所有的。(出 20：17)

《路加福音》第十二章，我们的救主举起两个危险信号。你们要防备法利赛人的酵，就是假冒为善。你们要谨慎自守，免去一切的贪心（路 12：1, 15）。

魔鬼在这世上最大的傀儡是伪君子；但第二大的，便是贪婪的人，因为人的生命不在乎家道丰富（路 12：15）。

我相信，贪婪这种罪，在世界历史上，现今比过往任何时代，更为普遍。习惯上，我们不将它定为罪。保罗，在写给帖撒罗尼迦教会的第一封书信中，谈到了贪心的斗篷（帖前 2：5 KJV）。贪婪的人把贪心当作斗篷，美其名曰为节俭，有远见。谁曾听到过，有人承认它是一种罪？在过去四十年里，我听到过许多公开和私下的忏悔，但从未听到过一个人，承认犯了贪心的罪。圣经，没有提到有人从贪婪中解脱，根据我的经验，我不记得有多少人，一旦陷入其中，能够自拔。贪婪的人，或男或女，通常会贪心到底。

可以这么说，贪婪的欲望使人类陷入罪恶之中。这条河渊源远久，我们可以一代一代，一直追溯到伊甸园的源头。当夏娃看到，禁果可以为食，而且讨人眼目，她就把它拿来，同亚当一起把禁果吃了。他们不满足于神所赐给他们的一切，而是觊觎神灵的智慧，撒旦欺骗他们，说吃了果子，便可以获得。她看到了，她渴望，然后她占为己有！仅仅三步，便从无罪到有罪。

探察人心的诫命

将这样的律法，放进人类法规里，实在是荒唐无意义的。因为，根本无法执行这一律法。执法人员无能力探察违反该律法的内心罪愆。法律只能监督控制外在的行为，无法涉及人内在的思想意图。

然而，神能察看到外在行为的背后。神能察看人心。我们内心深处的生命，肉眼无法看见，在神面前却暴露无遗。想用外在的遵从来欺骗祂是行不通的。哪怕是最小的过犯和缺点，神都鉴察，无人能够逃脱。神不会被杯子和盘子外面的清洁所蒙骗。

毫无疑问，此处，我们又有了一个证据，证明十诫不是出于人，而必定是出于神的。不像前面的那些诫命，此诫命甚至在字面上，都不局限于显见的行动。人们，在基督降临并暴露他们的灵性广度之前,就有了这条诫命,它超越公共行为,触及到行为动机。它直接禁止的不是错误的行为,而是促使该行为的邪恶欲望。它禁止邪恶的思想,非法的愿望。它不仅要防止犯罪,还要防止犯罪的欲望。在神的眼里,贪婪地盯着不属于我们的东西,就像下手偷窃一样邪恶。

为什么?因为,防意如城,若能控制恶欲,就不会有恶行。欲望被称为"卵中骚动"。心中的欲望是逐渐演变到实际行动的第一步。除掉恶欲,你就成功地避免了由它孵化、发展所带来的恶果。预防胜于治疗。

我们决不能把贪婪局限在金钱上。此诫命不受这种局限;上面写着,不可贪婪……一切所有的。一切所有 这个词使我们都不能逃脱谴责。虽然我们不参加财富的竞争,但有的时候,我们不也觊觎邻里的好土地、好房子、漂亮衣服、辉煌名声、个人成就、安逸的光景,和舒适的环境?难道,我们没有渴望,想从别人身上看到的东西,来增加自己的财产或改变生活水平吗?若是这样,我们便违反了这条律法。

神对贪心的看法

让我们查考一些着重于这个罪的圣经章节,看看神对它的看法。

> 你们岂不知不义的人不能承受 神的国吗?不要自欺!无论是淫乱的、拜偶像的、奸淫的、

> 作娈童的、亲男色的、偷窃的、贪婪的、醉酒
> 的、辱骂的、勒索的，都不能承受 神的国。
>
> （林前 6：9-10）

请注意，贪心者是介于盗贼和酒鬼之间的。我们把小偷关起来，对他们毫不留情。我们厌恶酒鬼，认为他们是违反神律法和地上法律的大罪人。然而，比起偷窃或醺酒，圣经中反对贪婪的经句多而又多。

贪婪和偷窃几乎就像连体双胞胎——它们不可分割。事实上，我们可在它们身上再加上谎言，成为三胞胎。"贪婪的人，是藏在甲壳下的暗贼。明贼，则是个跑到甲壳外，贪得无厌的人。贪婪的人，若看到他希冀的东西，只要有机会，顿时就会像即将孵出的鸡仔一样，破壳而出，显出贼的本色。"[17] "贪婪"的希腊文的意思是"过份的渴望得到"。当高卢人（Gauls）尝了意大利的甜酒后，问酒出自何处；结果，直到他们占领了意大利才罢休。

> 因为你们确实地知道，无论是淫乱的，是污
> 秽的，是有贪心的，在基督和 神的国里，都
> 是无分的；有贪心的，就与拜偶像的一样。
>
> （弗 5：5）

---

[17] 原注：理查德·牛顿（Richard Newton）*The King's Highway; or Illustrations of the Commandments* (London: Toomas Nelson and Sons, Paternoster Row, 1861), 257.

此处，重复了同样的真理，但突出的是，贪心被称为拜偶像。贪心的人拜玛门，而不是神。

> 并要从百姓中拣选有才能的人，就是敬畏
> 神、诚实无妄、**恨不义之财**的人，派他们作千夫
> 长、百夫长、五十夫长、十夫长，管理百姓。
> （出 18：21，作者强调）

这不是很奇怪吗，叶忒罗，荒野之夫，居然向摩西提出这个建议？他是如何学会提防贪心的？可是今天，我们却崇拜富有和贪财的人。我们选这些人在教会、国家任职。我们常说，他们会成为更好的司库，只是因为我们知道他们贪财。但在神的眼中，贪婪的人，就像小偷或酒鬼一样，卑鄙污秽。大卫说，因为恶人以心愿自夸，贪财的背弃耶和华，并且轻慢他（诗 10：3）。我担心，许多自称已经除去邪恶的人，也说贪财的人好。

一宗大祸患

> 贪爱银子的，不因得银子知足；贪爱丰富的，
> 也不因得利益知足。这也是虚空。货物增添，
> 吃的人也增添，物主有什么益处呢？不过眼看
> 而已！劳碌的人，不拘吃多吃少，睡得香甜；富
> 足人的丰满，却不容他睡觉。我见日光之下，有

一宗大祸患，就是财主积存资财，反害自己。

（传 5：10-13）

这岂不是真的吗？贪得无厌的人，对自己的财产，能感到满足吗？他们不爱虚荣吗？他心里能有平安？自私的财富不总是带来伤害吗？

以下摘录，描绘了贪心的愚昧：

> 你若见某人有一大池塘，仍口渴不已，且不忍饮半口水，生怕池水变少；若你看到他费尽时间精力，往池塘添水，还总是口渴，且手里总是提着一桶水，从早到晚见下雨，便企图接住每滴雨珠，跟着每一朵云，还贪婪地跑到每一个泥潭和泥沼，希望有水，并且总是琢磨，如何让每条沟渠的水都排入池塘：如果你看到他，在这种处心积虑的劳作中，变得灰白苍老，最后，掉进自己的池塘，结束了那忧心忡忡、口干鼻燥的一生；你岂不会说，这样的人不仅自作自受，而且愚蠢之极，简直就是白痴疯子？然而，尽管这个角色如此愚蠢荒唐，但是，与贪得无厌的人相比，他不过是小巫见大巫。[18]

我曾读到过，有一位法国的百万富翁，是个守财奴。为了守

---

18 原注：威廉·劳（William Law），*A Serious Call to a Devout and Holy Life* (Newcastle: J. Barker, Hood Street, 1845), 106.

住自己的财富,他在酒窖里挖了一个洞穴,又大又深,需要梯子才进得去。酒窖的入口处,装有一扇带弹簧锁的门。过了一段时间,这人不翼而飞,失踪了。人们四处搜索,找不到他的踪迹。最后,只好把他的房子给卖了。买主在酒窖发现这扇门。他打开门,往里走,发现那守财奴扑倒在地,死在财宝中间。那门定是不小心反锁上了,结果,他死得很惨。

迷惑和网罗

> 但那些想要发财的人,就陷在迷惑,落在网罗和许多无知有害的私欲里,叫人沉在败坏和灭亡中。(提前 6:9)

圣经谈到两件东西的迷惑——罪和财富的迷惑(来 3:13;可 4:19)。财富,如同沙漠中的海市蜃楼,景色优美,以水和阴凉处来引诱旅人,但旅人耗尽体力,终究如水中捞月。同样,财富永远不会满足;对财富的追求永远是一个陷阱。

罗得贪图所多玛富饶的平原,结果,他得到了什么?在那个邪恶的城市度过了二十年之后,他不得不逃命,将所有的财富抛在脑后。

三十块银子为犹大做了什么(太 26:15;27:3)?岂不是诱陷吗?

想想巴兰。一般认为他是假先知,但我发现,他的预言，凡有记录的都是真实的；确确实实地实现了。在某种程度上，他的角色很有光彩；但最终，魔鬼以贪财将他制服。他跳过天上的冠冕，降服於巴勒应许的财富和荣誉（民 22：37；犹 11）。他脸面向神，但却倒行进了地狱。他想死为义人，却没有活出义人的生命。看到这么多知道神，然而却为了财富而丧失一切的人，实在是令人可悲。

然后，思想一下基哈西的例子，他因贪财，被厄运和覆灭吞淹。他从乃缦那里得到的钱财，比所求的还多，但他也得了乃缦的麻风病。想一想，他是如何丧失了与神人以利沙，他主人的友谊：

> 神人以利沙的仆人基哈西心里说："我主人不愿从这亚兰人乃缦手里受他带来的礼物，我指着永生的耶和华起誓，我必跑去追上他，向他要些。"

> 於是基哈西追赶乃缦。乃缦看见有人追赶，就急忙下车迎着他，说："都平安麼？"

> 说："都平安。我主人打发我来说：刚才有两个少年人，是先知门徒，从以法莲山地来见我，请你赐他们一他连得银子，两套衣裳。"

> 乃缦说："请受二他连得。"再三地请受，便将

> 二他连得银子装在两个口袋里,又将两套衣裳交给两个仆人,他们就在基哈西前头抬着走。
>
> 到了山冈,基哈西从他们手中接过来,放在屋里,打发他们回去。
>
> 基哈西进去,站在他主人面前。以利沙问他说:"基哈西你从哪里来?"回答说:"仆人没有往哪里去。"
>
> 以利沙对他说:"那人下车转回迎你的时候,我的心岂没有去呢?这岂是受银子、衣裳、买橄榄园、葡萄园、牛羊、仆婢的时候呢?因此,乃缦的大麻风必沾染你和你的后裔,直到永远。"
>
> 基哈西从以利沙面前退出去,就长了大麻风,像雪那样白。(王下 5:20-27)

今天也是如此,终生好友都因这该诅咒的欲望断交。家庭被拆散。人,为了几块钱,愿意出卖平安幸福。

大卫不也是陷入了愚蠢有害的私欲吗?他看到拔示巴,乌利亚的妻子,见她容貌甚美,他就沦为杀人犯和通奸者(撒下 11)。罪的渴望把他扔进了最深的罪坑。他种因得果,不得不痛苦地收割恶果。

我听说，西部有个德国人，拥有一家木材厂，很富有。他身价近两百万美元，但还嫌不够，去当整天背着铁路枕木的工人。据说，这是他的死因。

> 亚干回答约书亚说："我实在得罪了耶和华以色列的 神，我所作的事，如此如此：我在所夺的财物中，看见一件美好的示拿衣服，二百舍客勒银子，一条金子，重五十舍客勒，我就贪爱这些物件，便拿去了。现今藏在我帐棚内的地里，银子在衣服底下。（书 7：20-21）

他眼见，他贪爱，他拿取，他藏匿！贪婪的眼光，使亚干行了恶行，而这恶行，带给以色列营悲伤和失败。

我们知道，亚干受到了可怕的惩罚。以色列人用石头，打死了他、他的家人、和他的牲畜（书 7：24-25）。神似乎将危险的信号，设立在每个新时代的开始。令人惊讶的是，很快，信号尚在，从贪婪而生的首次事件就爆发了。想一想：伊甸园的夏娃，以色列刚进应许之地不久的亚干，以及，早期教会的亚拿尼亚和撒非拉。

拔根机

> 贪财是万恶之根；有人贪恋钱财，就被引诱离了真道，用许多愁苦把自己刺透了。
>
> （提前 6：10）

修订版将其翻译为万恶之根。因此，这第十条诫命被恰当地称为"拔根机"，因为诫命撕裂消灭这个根。在我们败坏本性的深处，贪婪已生根繁殖。除了神，没有人能除去它。

马太告诉我们，钱财的诱惑阻挡神的道，就如密西西比河口，因河水携带的泥沙沉积而堵塞。今天，很多经商的人，不都是这样吗？他们倾心于自己的商务，没有时间来认识神。为了拼命积累财富，结果忽视了灵魂的需求，永恒的福祉。甚至不惜将自己的灵魂出卖给魔鬼。曾有多少人说过，"我们必须赚钱，如果神的律法挡住了路，就把它抛在一边。"

金钱（lucre）这个词，在钦定版新约（King James New Testament）圣经中出现了五次，每次都被称为不义之财。

万恶之根。确实是这样，因为，当贪恋钱财时，人还能不犯罪？对金钱的贪婪，导致人们进行暴力和谋杀，以及作弊、欺诈和偷窃。它把肉心变成石头，失去所有自然感情，变成残忍，不仁慈。有多少家庭，因为父亲的钱欲，而破碎！为了发财致富，人人搞得焦头烂额。从不考虑身体健康。对金钱无法控制的狂热，使人们放弃稳定的工作，选择危险的途径来达到目的；挺而走险，置危险而不顾。贪财毁了信仰和灵性，使思想和心灵远离神。它怂恿不法行为来扰乱社区和平。贪婪，仅仅是为了掠夺领土或其他物质资源，不止一次的导致国与国争战。据说，西班牙人征服秘鲁时,送信给秘鲁国王,说:"给我们黄金,因为,我们西班牙人有一种病,唯有黄金才能治疗。"

比起我来,博德曼博士(Dr. Boardman)就贪婪如何导致违反每一条诫命,作了极致的详述,我在此借花献佛,引用他的话:

> 贪婪,诱惑我们违反第一条诫命,成了泛神教,除了敬拜耶和华之外还拜玛门。……贪婪,诱惑我们违反第二条诫命或拜偶像。……使徒保罗明确指出,贪婪的人与拜偶像的人同名:"贪婪,就是拜偶像。"再次:贪婪诱惑我们违反第三条诫命,说亵渎神的谎言:例如,基哈西在与乃缦,那叙利亚人,私下会面上撒谎;亚拿尼亚和撒非喇在教会财产上,欺哄圣灵。再次:贪婪诱惑我们违反第四条诫命,既违反安息日;是贪财侵蚀了神指定的圣日,仅为了世俗目的,诱使我们开通火车,贩卖烟酒,兜售报纸。再次:贪婪诱惑我们违反第五诫,或不尊重权威;诱惑年轻人嘲笑他父母的忠告,公民践踏公民法规。再次:贪婪诱惑我们违反第六条诫命,或谋杀;回想一下,犹大爱金钱,以致亵渎神,背叛他的神圣朋友,将祂出卖给凶手,他的诱惑是微不足道的——比如说——十五美元。再次:贪婪诱惑我们违反第七条诫命,或犯

奸淫；注意圣经如何将贪婪和情欲合在一起。……再次：贪婪诱惑我们违反第八条诫命，或犯偷窃；回想一下，贪婪诱使亚干，去偷了一件精美的巴比伦斗篷，两百舍客勒银子，和一条五十舍客勒重的金子。再次：贪婪引诱我们违反第九条诫命，或作伪证指控邻居；回想一下，亚哈的贪婪促使他的妻子耶洗别，雇用彼列（注：撒旦的别名）的儿子们，对拿伯作致命的伪证，攻击拿伯亵渎神，说："你谤渎了神和王。"[19]

如何克服

你问我，如何才能将这污秽的灵从你的心里驱逐出去？我想我可以告诉你。

首先，你要立定心志，靠着神的恩典，来战胜私欲。你必须战胜它，否则它就会制服你。保罗说，所以，要治死你们在地上的肢体：就如淫乱、污秽、邪情、恶欲和贪婪（贪婪就与拜偶像一样）。因这些事，神的忿怒必临到那悖逆之子（西 3：5-6）。

我听说，一个有钱人，被邀请为一个慈善项目捐款。邀请信中引用了一段经文：怜悯贫穷的，就是借给耶和华；他的善行，耶和华必赏还（箴 19：17）。那人说，承诺看来

---

[19] 原注：乔治·达纳·博德曼（George Dana Boardman）*The Ten Commandments* (Philadelphia: American Baptist Publication Society, 1889), 315-316.

顶好，但兑现则遥遥无期。结果，两周内，他就死了。他怎么也未料到，神的忿怒会降临在他身上。

如果，你发现自己变得很吝啬，那就学纽约州一位很富的农夫，慷慨地给出。那农夫素以囤积财富和自私出名。后来，他皈依归正了。他归正后没多久，就有个穷人来找他，寻求帮助。因失火，那人失去了一切，家里连锅都揭不开。农夫以为自己会很慷慨，就去熏房拿一条火腿给那人。他朝熏房走去，途中，试探者说："把最小的火腿给他。"

他一路挣扎到熏房，打不定主意是给大的还是给小的。为了征服自己的自私，结果他把最大的火腿给了那人。

试探者说，"你真是个傻瓜。"

"如果你再不闭嘴，"他回答说，"我就把熏房里所有的火腿都给他。"

杜兰特先生（Mr. Durant）告诉我，有一天早上，他醒来，发现自己成了个有钱人，他说，此后，他一生中最大的挣扎，就是让金钱做他的主人，还是他做金钱的主人——是他变成钱的奴仆，还是让钱成为他的奴仆。最终，他获得了胜利，韦尔斯利学院（Wellesley College）就是这样建立起来的。

其次，要培养知足的精神。你们存心不可贪爱钱财，要以自己所有的为足；因为主曾说，"我总不撇下你，也不丢弃你。"所以我们可以放胆说："主是帮助我的，我必不惧怕。人能把我怎么样呢？"（希 13: 5-6）

知足与贪心正好相反，贪心，不止息地贪图你没有的东西。你要知足于自己所有的,不要为未来忧虑,因为,神应许永远不撇下你,也不丢弃你。除此之外,神的孩子还想要什么?我宁愿有此应许,胜过拥有地上所有的金钱。

我真盼望,我们能和保罗同声开口说:我未曾贪图一个人的金、银、衣服(徒 20:33)。主使保罗和祂的恩典有份,而且,保罗当时的确很快就要与主同享荣耀,所以,在保罗看来,地上的东西,非常渺小。敬虔加上知足的心便是大利了,他写信给提摩太;只要有衣有食,就当知足(提前 6:6,8)。注意,他把敬虔放在首位。任何世上的功利都不能满足人心。即使我们得到整个世界,心里仍有空乏之处。

我们若被这罪蒙了眼,愿神撕下我们眼睛上的鳞片。哦,真是愚蠢,我们竟然把自己的心放在世上任何东西上!因为我们没有带什么到世上来,也不能带什么去(提前 6:7)。见人发财,家舍增荣的时候,你不要惧怕,因为他死的时候,什么也不能带去,他的荣耀也不能随他下去(诗 49:16-17)。

唯靠基督,罪才钩消

我们现在已经详细地研讨了十诫,面对我们每个人的问题是,我们是否遵守这些律法?如果神用十诫来衡量我们,我们会被发现亏欠,还是不亏欠?我们遵守律法,是遵守整套律法吗?我们是否全心全意地顺服神?我们是否将自己的身心献上,完完全全,甘心情愿地顺服祂?

第十一章

一部律法，非十条

十诫不是十条不同的律法；而是一部完整的律法。我如果被一根链条悬在空中，那链条有十个链环节，我只要折断其中一个，我就会掉下来，如同我把十个链环都折断一样。如果我被关在围墙中禁止走出，那我只要能逃出，在何处突破围墙并不重要。因为凡遵守全律法的，只在一条上跌倒，他就是犯了众条（雅 2：10）。只要缺少一个环节，顺服的金链就会中断。

有的时候，我们会听到人们祷告，祈求免于某些罪恶，仿佛他们不会有犯其他罪的危险。我坚信，一个人只要开始故意违反其中一条诫命，那么，他就很容易违反其他的诫命。我认识一位绅士，他有一位机要文书，此人持意要文书在周日早上梳理帐务。这个年轻文书很有原则，起初拒绝了，但他急切盼望得到雇主的青睐，最终屈服了。没过多久，年轻人偷钱投机股市，欠下十二万美元的债。雇主把他交给司法机关，关进监狱十年，但我认为，在神面前,雇主和那个年轻人一样有罪,因为他领那年轻人,踏出了下坡路的第一步。你还记得那个士兵的故事,他藏在一堆干草中,被偷运到一个城堡内,然后,他给战友们打开城门。我们犯下的每一个罪,都为其他罪打开大门。

人人都亏欠

一千五百年来,人虽在律法之下,却无人能遵守。基督来了,阐明诫命远超过单纯的字面上的意义。从那时起,谁还能说,他能够靠自己的力量遵守诫命?当我们高举铅垂线来衡量自己,就会看到偏离了垂直线多少——已偏离了多远。当以这个神圣的标准衡量我们时,会发现自己亏欠了多少。就像一个小女孩,当妈妈责备她,叫她做正事时,她说,"我身心不正,怎能行正事?"没有义人,连一个也没有;因为世人都犯了罪,亏缺了 神的荣耀(罗 3:10, 23)。

我并不是说,所有的人,都同样犯有严重违反诫命的罪。公然违反律法,无论是世人的或是神圣的,需要有一定的贼心恶胆;然而,如某个小孩子曾经说过,偷鸡摸狗地违反诫命很容易。众所周知,有许多自称基督徒的人过着破碎的生活:满是蝇头小罪、耍小脾气,和自私自利。这些罪,仿如一个昂贵的花瓶上形成的裂缝,有可能精细到肉眼不能察觉,但是,要是一次又一次,都是如此添加,总有一天,花瓶会一触即碎。当我们听说,有人一生都是品行端正,德高望重,突然有一天犯下可耻的罪,会感到震惊和困惑。然而，我们若对此人了如指掌，不难发现，坠落是必然的。多年来，他一直在不断地滑向堕落。在他的生活中，早在堕落之前，我们会发现许许多多，偷鸡摸狗的违反诫命的行为。他最终的暴露，只是到了花瓶一触即碎的地步。

伪砝码

人有形形色色的砝码（善行），以为靠这些砝码（善行），可以成全律法，免了自己的罪。但最终他们会发现，那全是痴人说梦，甚至比痴人说梦还要荒唐。

因为，有德行的人和其他人一样有罪。他的德行无法拯救他。你们若不悔改，都要如此灭亡（路 13：3）！你们若不回转，变成小孩子的样式，断不得进天国（太 18：3）。我经常听到，有很多好人说我们的布道会成效很大；他们向酒鬼、赌徒和妓女传福音，但是，他们从未意识到，自己同样需要神的恩典。

尼哥底母也许是他那个时代最有德行的人之一。他是一位犹太律法先生。然而，基督对他说，人若不重生，就不能见 神的国（约 3：3）。与自以为义的法利赛人相比，小偷、酒鬼、流浪汉，更容易接受福音，得到救赎。你不必数周数月向这些人讲道，使他们确信自己是罪人。当一个人知道他需要神，并且确信自己是个罪人时，他就很容易接受福音。但是，就如街上的酒鬼，自以为义的法利赛人一样需要救恩。

我读到，一位传道人在南方传道，蒙许可在当地监狱布道。他房东的儿子和他一起去了监狱。布道回来的路上，这个非基督徒的年轻人对牧师说，"我希望，你的讲道，给犯人们留下深刻的印象。像这样的布道，应该对他们有好处。"

"对你不也有好处吗？"牧师问道。

"哦，你可是在给犯人讲道！"年轻人回答。

牧师摇摇头说："我是在传讲基督，你，和他们一样需要祂。"

你若不悔改，祈求祂的怜悯，你就没有希望。我请你扪心自问：如果，半夜有人突然传唤你在天平上称重，你的灵魂将会怎样？

许多人只是自称为信徒。你属于教会，但你准备好被衡量吗？准备好踏上天平了吗？将有很多的人，发现自己如同那五个愚蠢的童女一样。时候到了，他们会发现自己的灯里没有油（太 25：1-13）。如果你只有一盏空灯，或者，只靠律法主义生活，我求你摈弃这种生活。摈弃那种死气沉沉、冰冷、可怜的无动于衷。神，对此将不屑一顾。你真相信自己的善行吗？你认为你的圣经、你的十字架、你的祷告，或去教堂，能帮助你吗？

或者，你把希望寄托在你的教育、财富或世俗的名誉上？你若屈服于色欲、情欲和贪婪，最终失去灵魂，你的大学教育、所有的财富和荣誉，又有何用？知道你们救赎……不是凭着能坏的金银等物，乃是用基督的宝血（彼前 1：18-19）。当神称量你时，你若没有基督，提客勒（*Tekel*）将成为你的判决。

不要灰心

我可以想象,你正在自言自语,说:"我们真要被这些律法审判,将如何得救?几乎每一条诫律,我们都曾触犯——在心思意念上,如果不是在实际行为上。"我几乎听到你说:"我想知道,慕迪先生是否也准备好被衡量。他愿意自己面对这些检测吗?"

我愿意谦卑地回答说,如果神命令我,现在就踏上天平,我已经准备好了。

"什么!"你说。"你未曾违过法?"

是的,我曾违过法。我和你一样,在神面前是个罪人,但是,四十年前,我在祂的法庭上认罪。我呼求怜恤,祂就原谅了我。如果我踏上天平,神的独生子已经应许与我同在。若没有祂,我岂敢踏上天平。我若这样做了,天平会很快飞起来!

基督即一切

基督遵守律法。如果祂曾经触犯律法,将不得不为自己死。然而,因为祂是没有瑕疵的羔羊,祂的赎罪之死,对你我都有效。祂没有自己的罪要赎,所以,神接受了祂为我们而献上的赎罪祭。律法的总结就是基督,使凡信他的都得着义(罗 10:4)。我们在神的眼中是义的,因为,神的义,因信耶稣基督,而加给所有信祂的人。

若我们不得不在神的诅咒下,永远活在我们罪中,那将是人间地狱。所以,为我们所传的福音感谢神!如果我们悔改,我们所有的罪都将被涂抹。你们从前在过犯和未受割礼的肉体中死了, 神赦免了你们一切过犯,便叫你们与基督一同活过来;又涂抹了在律例上所写攻击我们,有碍于我们的字据,把它撤去,钉在十字架上(西 2: 13-14)。

成全律法

神的爱若浇灌在你心里,你就能成全律法。保罗将诫命精简为一条:仁爱〔爱〕是律法的成全(罗 13: 10)。一位无名作者,对十诫写了以下通俗的描述:

爱神,必不容纳他神。

爱,必憎恨一切以形像来贬低神的东西。

爱神,必永远不会羞辱祂的名。

爱神,必敬仰祂的圣日。

爱父母,必尊敬他们。

恨,非爱,才是凶手。

情欲,非爱,则犯奸淫。

爱,必会给出,绝不偷窃。

爱，绝不诽谤、说谎。

爱的眼目，绝不贪婪。

你准备好了吗？

唯有精神错乱到了一定程度，才会背离神，冒着与基督无缘而被神召唤审判的危险。此时此刻，便是接受救恩的时刻，然后，当神审判时，基督将会与你同在。你是否站到一边，说，"我还没有准备好。我想要多一点时间准备，把这件事彻底搞搞清楚？"既然这样，你的确有时间，但请记住，仅仅只是此时；你不知道，你是否还会有明天。

伯沙撒王的生命，不是突然终止了吗？难道，他曾相信，那将是他的最后一晚，他将永远不会再看到太阳日照的光芒？那场罪恶的盛宴，并没有像他所期望的那样结束。同样，你若拖延，便有危险。你若不遵行神的道，你根本就进不了天国。你必须接受基督为你的救主，否则，你将永远无法面对神的审判。

我的朋友，你拥有基督吗？你是否保持原样，却被发现亏欠，还是，接受基督，准备好接受召唤？这见证就是 神赐给我们永生，这永生也是在他儿子里面。人有了 神的儿子就有生命；没有 神的儿子就没有生命（约壹 5: 11-12）。

此时此刻，愿神开启你的心扉，来接受祂的独生子！

德怀特·慕迪 – 生平简介

德怀特·莱曼·慕迪（Dwight Lyman Moody）於一八三七年二月五日生于美国麻州北田（Northfield）。慕迪仅四岁，父亲就去世了。留下他母亲一人抚养九个孩子。慕迪十七岁那年，离家到波士顿谋生，成了一名推销商。一年后，慕迪由他的主日学老师爱德华·金波（Edward Kimball）的带领，归向耶稣基督。不久，慕迪离开波士顿，来到芝加哥。他在那里开始自己教主日学。他二十三岁时，已经是一名很成功的鞋子推销商，仅八个月就赚了五千美金，这在十九世纪中期是很大一笔钱。然而,当他立志跟随耶稣,他就放弃事业,投身于基督教事工。他当时的年薪仅三百美金。

慕迪不是被按立的牧师,但他是一位杰出的布道家。亨利·瓦利(Henry Varley),一位英国的传教士,曾告诉他,"慕迪,世界尚将试目以待,神将如何使用一个完全奉献给祂的人。"

慕迪后来说,"靠神的帮助,我立志成为那个人。"

据估计,在他有生之年,没有电视或广播的帮助,慕迪行一百多万英里,向一百多万人布道,并亲自接触过七十五万多人。

慕迪卒于一八九九年,十二月二十二日。

慕迪曾说过,"总有一天,你会在报纸上看到讣告,说北田东(East Northfield)的慕迪死了。你连一个字都不要信!那一刻,我比我现在更有活力。我会升得更高,就这样——从这个老土墓,进入一座不朽的房子;一个死亡无法触及,罪不能玷污的身体;一个与祂荣耀的身体相似的身体。一八三七年,我以肉体出生。一八五六年,我由圣灵而生。以肉体而生的将死去,由圣灵而生的将永远活着。"

其他类似书籍

十字架,莱尔

「但我断不以别的夸口,只夸我们主耶稣基督的十字架。」(加六 14)

读者啊,请让我来跟你谈谈这个题目。相信我,这是一个有着最深远的重要性的题目,绝非什么简单的争议的问题;绝非什么人们认为尽可以言人人殊,同时却觉得对他们进不进天堂并无大碍的观点。"你怎么看基督的十字架?"每个人都必须对这个问题有正确的答案,否则他就永远失丧。对这个问题的答案将决定:天堂或地狱,幸福或悲苦,生命或死亡,末日的祝福或咒诅,也就是说,将决定一切。

让我来告诉你:

1. 使徒保罗断不以什么夸口
2. 使徒保罗以什么夸口
3. 为什么所有的基督徒都应像使徒保罗那样思考和感受到十字架

免费下载

慈声呼唤

这是和你,读者,心贴心的对话。在这里检验并一个个地解决了每一个借口,理由,和对你来就近耶稣可能的障碍。如果你觉得你这个人很糟糕,或者你也许真的很糟糕而且你公开或隐秘地在罪中,你将发现,基督里的生命也是为你的。你可以拒绝得救因着信的信息,或者你可以选择在宣告了对基督的信仰之后却仍然过一个罪中的生活,但是你却不能为了你或为了他人来改变这个真理本身。因此,你和你的家庭应当来拥抱这个真理,占有它,并真正在今日也在永恒中得自由。来吧,接受这个神白白赐予的礼物,为了他而过一个得胜的生活。

免费下载

天路,慕迪

在基督里有生命。丰盛、喜乐、美好的生命。的确,主会管教祂所爱的人,我们也常常受到世界和魔鬼的试探。但是,如果我们知道如何跨越这种诱惑,来亲近耶稣基督的十字架,将眼目定睛在我们的主身上,那么,我们在地上和天上的奖赏,将比这个世界所能给的要好上百倍。

这本书写得很透彻。它生动地描绘了神的爱,剖析未得救之人灵魂的状态,解析耶稣基督在十字架上,为了我们的罪,做了什么。《天路》切实地审视了我们悔改和跟随耶稣的需要,并将希望带给我们,即那在天堂里永恒、喜乐的生命。

免费下载

得胜的生命,慕迪

你是一名得胜者？或者,你很容易被杂七杂八的罪所捆绑？更糟糕的是,你是否正偏离基督徒的成圣道路,但却拒绝承认并纠正？没有一个基督徒可以拒绝呼召成为得胜者。世上的代价微乎其微,而永恒的奖赏是无法估量的。

德怀特·慕迪(Dwight L. Moody) 是发掘我们问题的大师。他擅长用故事和幽默来揭示,作为成功的基督徒,什么是其生活的基本原则。在得胜的方方面面,慕迪都是从实际的、容易理解的角度来解析。针对我们的问题,慕迪所提出的解决方案不是宗教、规则或其他外在的修正。相反,他把我们带到问题的核心,即我们的内心,并且将圣经、神所赐的救药来医治每个基督徒的生命。让我们做好准备,来迎接、拥抱今天的真正胜利和永恒的喜乐。

免费下载

www.ingramcontent.com/pod-product-compliance
Lightning Source LLC
Chambersburg PA
CBHW070145080526
44586CB00015B/1845